こころが光に包まれる

神様からのBright word

日下由紀恵

Kusaka Yukie

永岡書店

Prologue

心のなかに重荷をかかえ
一人立ちつくす。
決して明けることのないであろう
暗闇に絶望するとき

そんなときでもじっとしていると
まぎれて見えなかった
星や月に気づくでしょう。

やがて空は少しずつ明るくなり
輝く朝が始まります。

夜明けには
漆黒の闇が必要なのです。

あなたの心は
悲しみの涙でいっぱいになってはいませんか。
あなたはたった一人で、それに耐えてはいませんか。
決して明けることのない暗闇で、ただ一人、孤独に戦っている。
あなたは今、そんな終わりの見えない
闇のなかにいるのかもしれません。

誰にもわかってもらえない苦しみ、それは究極の闇。
でも、それを経験するときが人生には用意されています。
究極の闇のなかでこそ、光は見えるからです。
その光がどれほどまばゆいか、どれほど優しく温かいか、
あなたは今、それを知ろうとしています。

闇に隠された、かけがえのないあなただけの〝宝物〟。
それを、もう、すぐそこに見つけようとしています。
そして、そこから本当の人生が始まるのです。

あなたの刻んだ苦しみの一日一日は、
今あなたを助ける光となって積み重なり、
あなたを輝かせる未来の準備をしています。

明けない夜はない、やまない雨はない。
悲しみの涙のなかに宿る虹こそ美しい。
未来には、涙の数だけ、
あなたの笑顔を照らす光が必ず待っています。

contents

Photo credit

P4-5/Tom Wang P9/KPG_Payless P12-13/Leszek Czerwonka P16-17/LedyX
P20-21/Jaco Bothma Empire Photo P24-25/Szymon Kaczmarczyk
P28/Ecaterina Glazkova P32-33/Black Salmon P36/amenic181 P40-41/S_Photo
P44/Javier Brosch P48/Only background P52/Krisda Ponchaipulltawee
P56-57/Pavel_Klimenko P60-61/Lola Tsvetaeva P64-65/Erlo Brown
P68/Serg-DAV P72-73/MD_Photography P76/Romolo Tavani
P80-81/Ecaterina Glazkova P84-85/Bachkova Natalia P88-89/Jannarong
P92-93/Margaret.W P96-97/Anatoli Styf P100-101/KieferPix P105/KKulikov
P108-109/ Stockforlife P112-113/SkillUp P116-117/Preecha Ngamsrisan
P120/siamionau pavel P124-125/s_oleg P128-129/phloxii
P132/Jacek Fulawka P137/Africa Studio P140-141/Smelov
P144-145/Oliay P148-157/ 日下由紀恵

Bright word

ハートはみんな一緒。

同じように見えるけれど、
私たちは一人ひとり、人生のスタートラインが違います。
生まれた家、育った環境、
人生に用意された障害物の大きさは
一人ひとりまったく違う。

けれど、人生のスタートラインは違っても、
ハートの大きさはみな一緒。
人と比べて自分が小さな存在に感じてしまうとき、
価値のない人間に思えてしまうときは、
自分のハートを思い出してみましょう。

困っている人に声をかけたあなたのハート、
病気の友人に早くよくなるようお祈りした優しいハート、
落ち込む同僚を心配した温かなハート、

それらはかけがえのない、あなたそのものです。

学歴や肩書や収入……
一見価値のありそうなものに決して惑わされることなく、
あなたの優しく温かなハートを育てていきましょう。

あなたがどんなハートの持ち主か、
まわりの人はそれをちゃんとわかっています。

自分の靴を履いていますか？
人の靴がうらやましく見えて、
サイズも、好みも、履き心地も違う
他の人の靴を
無理やり履いていませんか？
人生がうまく進まないと感じるのは、
そんなときなのです。

Your own style

素敵な靴だな！と思っても
履いてみるとなんだか違う。
そんなことがよくあります。
無理やり履くと、足が痛くなって歩けなくなります。

人生も靴と同じ。
あなたにしか履きこなせない靴を探しましょう。
それが、あなたの人生です。

靴は英語で「スタンス（立ち位置、居場所）」
という意味も持ちます。
自分のスタンスを意識し始めたとき、
本当の人生のステップが始まるのです。

焦りを感じたときは、プランBでいこう。

よかれと思ってやってみたけれどうまくいかない。
こんなはずじゃなかった。
思ったよりもたいへん。

焦れば焦るほど混乱を生み、
成功へのルートをそらして、
パニックになってしまいます。

でも、忘れないで！
目的地にたどり着くためのルートは一つではありません。

たとえ一つがうまくいかなかったとしても
他にもたくさんの選択肢が用意されています。

そんなときのおまじないの言葉は、
「プランBでいこう」

この言葉をつぶやくだけで
次にとるべき選択肢が現れます。
扉を開くためのアイデアがパッとひらめきます。
それは、少しだけの寄り道でさらに経験値を上げ、
あなたを豊かにしてくれる予期せぬルート。

道は違っても必ず行くべきところへ到着します。

大切な大切な〝宝物〞をなくして
涙が止まらないとき、
神様はそんなあなたに
そっと寄り添っています。

予期せぬ出来事が起こって
かけがえのない〝宝物〞を突然奪われてしまったとき、
やっとの思いで積み上げてきたものを失ったとき、
人生はときを止めてしまいます。
涙と叫びは永遠に尽きることがないかのように
とめどなくあふれてきます。

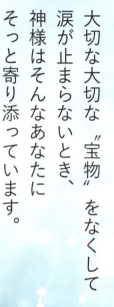

それでも同じように朝はやってきます。
その悲しみと悔しさの涙がスタートとなり、
あなたの人生は深く広く、
果てしなく続く海と空のように広がるのです。

涙が一瞬とぎれたとき、
なくしてしまった大切な〝宝物〟が
大事なメッセージを持って
笑顔でそばにいてくれることに気づくでしょう。

地上にたくさんの人がいるのに、
一生で出会える人は、そのほんの一握り。
だったら、
あなたのまわりに現れる人たちというのは
必然なのです。

職場でも学校でも家庭でも、
その場所を天国にも地獄にもするのが人間関係。
こればかりは、自分でコントロールできないもの。

そう、出会う人というのは
決められています。
「今あなたにはこの人が必要だよ」
という人が現れて、
質の違うエネルギーが
あなたの可能性を引き出したり、
乗り越える課題を教えてくれたりするのです。

出会いや縁はすべて、
大切なことに気づくために起こるもの。
嫌な相手に出会うときは、
あなたの魂の質が上がっているということ。
いつかそれに気づけるときがきます。

翼をせわしく動かすだけが
空を飛ぶ方法ではありません。
翼を大きく広げておくだけで運の上昇気流に乗り、
大空を、大海原を
渡ることができるのです。

問題が起こると、なんとか早く解決したいと焦ります。
その結果、無理な結論に不時着してしまうこともあります。
焦ると波動はとても重くなって、
大事な上昇気流に乗れなくなってしまうのです。

けれど人生は、私たちの経験値に
天界の力がサポートするハイブリッド方式。
もうダメだと焦ったときは、
天界の叡智《えいち》をいただきましょう。

何かが起こったとき、
初めてのことで不安でいっぱいになるときこそ
あえて立ち止まり、
身を低くして風を読んでみましょう。
今こそ、翼を大きく広げてじっと耳を澄まし、
風の動きに身を任せましょう。
すると、運の上昇気流が巻き起こるその瞬間を
キャッチすることができるのです。

がんばっていない人などいない。

コミュニケーションがうまくとれなくて
喧嘩になったり、
イヤミを言われて傷ついたりと、
人との関係はとても難しいもの。

そういうときは
「がんばっていない人などいない」
この言葉を思い出してみましょう。

あなたは何も間違っていません。

そして同時に相手のことも考えてみましょう。
みんなそれぞれの形で、それぞれの立場で、
がんばっている。
それは間違ってはいないのだけど、
少しずつ違っているから
ぶつかり合ってしまうだけ。
でも、少しずつ違っているからこそ
新しい視座にも巡り合える。

そうとらえるとき、
あなたの器は
また一回り大きくなります。

心が尖ってしまうときは、
柔らかいもの、まるいもの、
そして、
温かいものを探してみましょう。

なぜかイライラが止まらず
ドアを蹴飛ばしたくなったり、
わざと大きな音を立てたり……。
自分を整えられないときというのは、
心が緊張でカチカチになっています。
こんなときはまず
〝まる〟を探してみましょう。

地上のエネルギーの特徴は、
直線、シャープ、とんがり、壊れない硬さ……。
これらは、戦いのときにとても有利。
だけど、一度折れてしまうと
元に戻るのがたいへん。
イライラの原因は、
争いに疲れた魂の緊張かもしれません。

魂が大好きなのは曲線。
そして、〝ふわふわ〟柔らかいもの。
〝ぽかぽか〟温かいもの。
それらは癒しの波動です。

クッション、肉まん、ペット、大好きな人の手のぬくもり……。
あなたのまわりにあるそんなまるっこい
柔らかいもの、温かいものに触れると、
魂に元気が戻ってきますよ。

「どうしたらいいんだろう」と
思い悩むときは、
動かなくていいとき。

「もうできない」

「どうしたらいいんだろう」

と苦しくて前に進めないと感じるなら、
しなくてもいいことに力を注いでいるとき。

できなくても大丈夫なことをしているとき。

人の分までがんばってしまっているとき。

持たなくてもいいものまで持ちすぎてしまっているとき。

私たちにはたくさんの夢や理想があるけれど、
そのうちのいくつかが叶えば大成功。
１００のうち２、３個できたら優秀なのです。

「どうしたらいいんだろう」

「どうしていいかわからない」

そんな言葉が出てくるなら、いったん休憩。

完ぺきにこだわらなくなると、
見える世界が変わってきます。

僕は
あなたのそばにいられることが、
こんなにもうれしいんだよ。

動物というのは、
私たちを毎日の緊張から解き放つ
神様がくださった癒しの天使。

道端で出会った間柄でも、
ペットショップでの一目ぼれでも、
その出会いは偶然ではありません。

あなたを笑顔にすること、
夢が叶うようにすること、
そのための最高のパートナーとして
天からやって来てくれました。

今そばにいてくれる動物に、
今は天国にいる動物に、
「今日もありがとう」と伝えましょう。
動物たちへの一番のご褒美は、
あなたのその優しい穏やかな笑顔です。

元気になったらがんばるから
それまで待ってて！
そう言えば大丈夫。
ちゃんと待っていてくれます。

光である魂は、
軽やかに宇宙や時空を飛び回ることができるけれど、
肉体はとっても重い。
一日過ごすだけで、もう疲れ果ててしまうもの。
そんな体を持って、あなたは今までずっと
がんばって走り続けてきました。

仕事のこと、家族のこと、友人のこと……
自分のことはいつも後回しにして、
力を尽くしてきました。

だから今は、少しお休みしましょう。
お休みのためのベストなタイミングがやって来たのです。
お休みしてもあなたが困らないように、
神様がすべてを調整してくれていますから大丈夫。
「休んでごめんね」じゃなくて、
「休ませてくれてありがとう」。

安心して！
それだけで、すべてちゃんとうまく回っていきます。

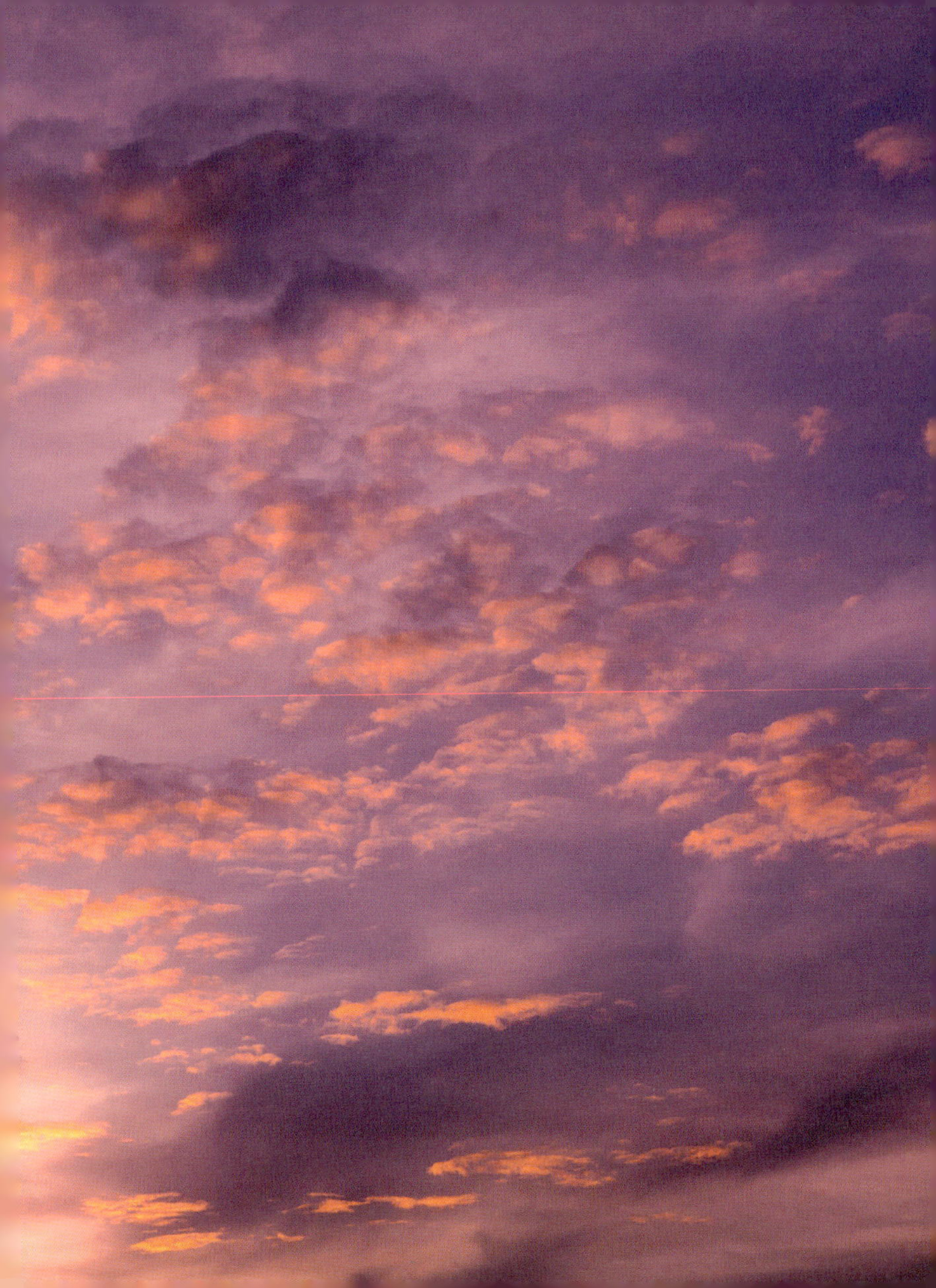

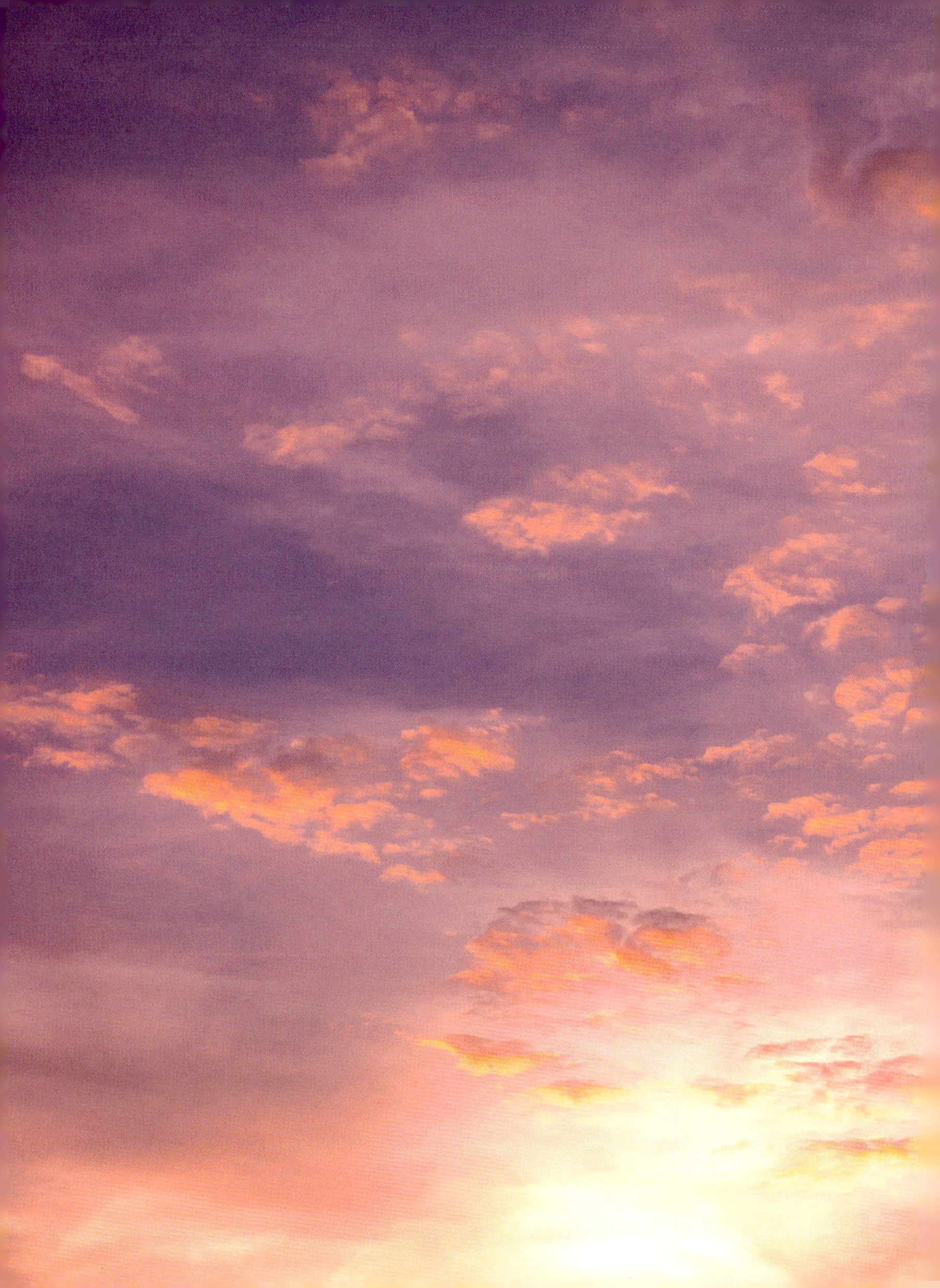

雲や光の美しさを見よう。
好きだという気持ちを伝えよう。
やりたいことをやってみよう。
それは、できないまま
いってしまった人たちの供養になるから。

突然の事故や事件、病、災害、戦争……。
私たちの人生には、今まで進んできた道が
突然遮断されるということが起こります。

叶えようとがんばっていた夢も、
伝えようと心にためていた言葉も、
たくさんの感激も、
どこにも伝わることなく闇に閉じ込められてしまいます。

けれど、亡くなった人のその悔しさを
解き放ってあげる方法があります。
それは、生きている私たちが
自分の思いを形にしていくこと。

亡くなった人は、
しばしば近しい人の体を借りてそれを体現しようとします。
あなたの目で、見たかった映画を見ます。
あなたの耳で好きだった歌を聴きます。
妙に涙が出たりじんわりくるのは、
うれしかったよ、というその人の思い。
あなたが夕日に感動するのは、
亡くなった大好きな人があなたの五感を使って
一緒に喜びをかみしめているからなのかもしれません。
あなたが思いきり生きることが
亡き人を幸せにする方法なのです。

今やるべきこと。
それは、問題の解決策を
考えることではなくて、
問題解決の種が芽吹くよう
心を柔らかく耕すこと。

宇宙は常に、私たちの心に種を落とします。
想像力の種、リーダーの種、
優雅さの種、問題解決の種……。

私たちがやるべきことは
その種がいきいきと芽吹くよう、
心の土を柔らかく耕しておくこと。
疲れがたまって緊張や不安で硬くひび割れていては、
せっかく落ちてきた種が風で飛ばされてしまいます。
心が柔らかい土であることをイメージしましょう。

美しい空を喜ぶ、人との温かい触れ合いに感謝する、
日々のうれしいことを見つける。

すると、あなたの心は柔らかくなり、
奇跡の種がすくすくと育ち始めます。
あなたが何もしなくても、問題は自然に解決していきます。

体に起こる痛みは
不運なんかではありません。
その痛みはあなたが感じた心の痛み。
あなたの心に刺さったままになっているナイフを
抜いてあげるときなのです。

頭痛、腰痛、不意のケガ、
ときに入院や手術が必要な大きな病気にかかると、
つい不安に襲われてしまうもの。
でも痛みを感じるときは、あなたの魂が、
〝心の傷〟を教えてくれているときなのです。

心は見えないから、
どんなに傷だらけでもなかなか気づけない。
すると魂は、体の痛みを通してそれを伝えてきます。
思い出してみてください。
あのとき言われたショックなひと言、
あなたの心はこんなに傷ついたままになっているんだよ。
あのときも、またあのときも、ずっと我慢していたんだよ。
体の痛みが強ければ強いほど、それはあなたの心が深く傷ついた証拠。

こんなに傷ついていたんだね。

存在に気づいてもらえたら
心の傷も体の痛みも癒されていきます。

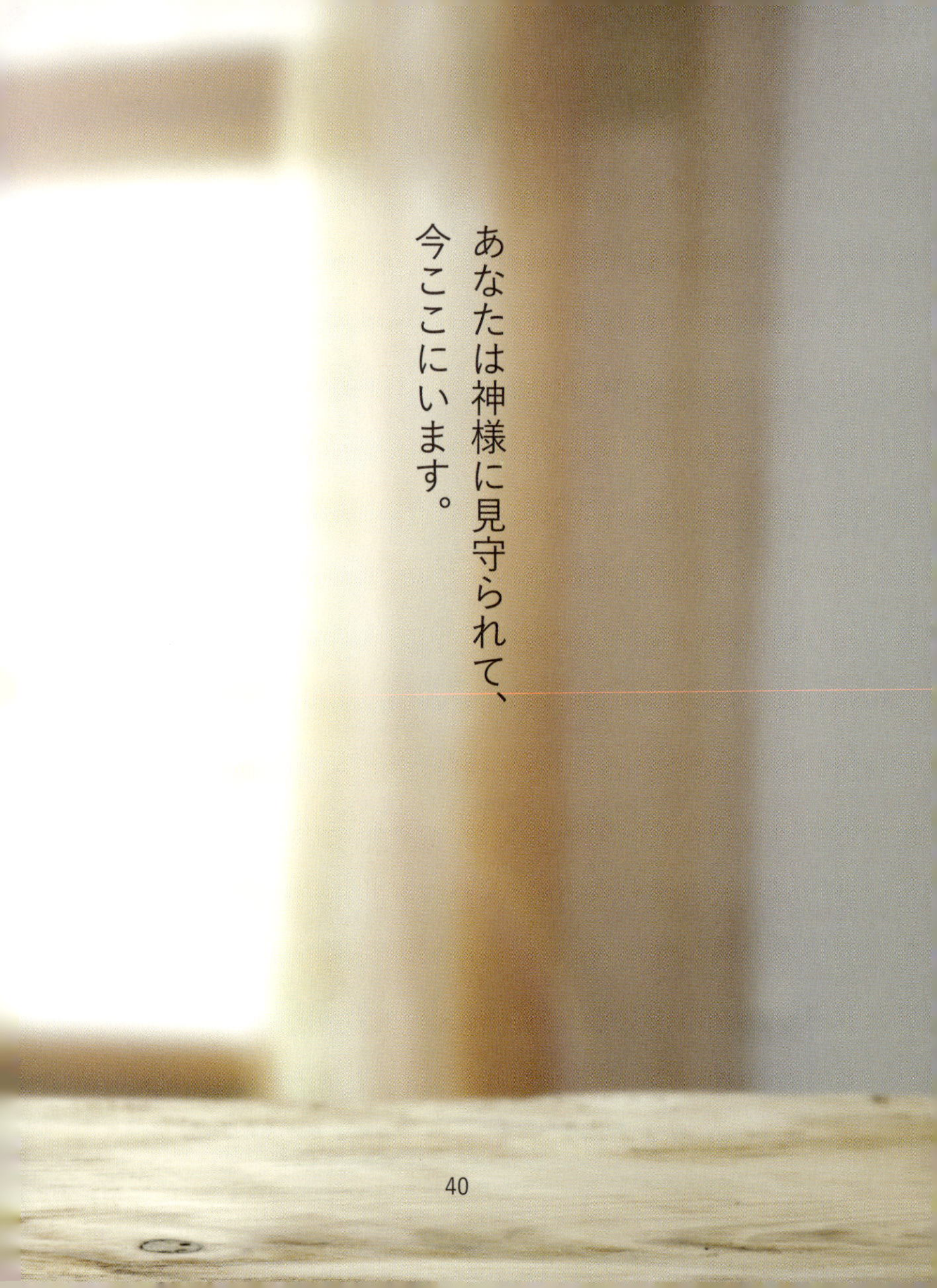

あなたは神様に見守られて、
今ここにいます。

朝目覚めて、またいつもの繰り返し。
「またつらい一日が始まる……」と思ったら、
それは神様があなたに贈った
今日という日のプレゼント。
朝目覚めて、またいつものようにおなかがすくなら、
神様はあなたを生かそうとしているということ。

つらい日々は、物事の本質を見抜く力を身につけるため、
あなたの色を深め輝かせるために存在します。
つらい日々の向こうには、
あなたが手にすべき素晴らしいご褒美と、
見るべき素晴らしい景色が用意されているのです。

いつもどおり目が覚めたのなら
それは神様からの「生きていて」というお願い。
問題はまもなく解決し、
あなただけしか見ることのできない見晴らしのいい場所へ
導かれていくことでしょう。

手元のカードは一見サイアク。
でもよく見ると、
必ずツキを呼ぶカードが
一枚はまぎれているものです。

人生は、どうしてこうも残酷なのでしょう。
難問をやっと乗り越えたと思ったら、
追い打ちをかけるように
また違う出来事が次から次へと押し寄せることも。

そういうときは、闇の深さにとらわれて
出口を見つけることができなくなってしまいます。
でも、そんな闇だからこそ
見つけることができる宝物があるのです。

一緒にいると安心する人、冗談を言って笑わせてくれる人、
優しく励ましてくれる人、美しい夕日、ぽっかり浮かぶお月様……、
それらはすべてツキを呼ぶ魔法のカードです。

大逆転のチャンスは、
暗闇のなかに差し込むごくごく細い一筋の光に気づけたときにやってきます。
それは、あなたが息を吹き返す瞬間です。

「一緒に行こう」
そう言って笑顔で手を差し伸べている人が、
今あなたの目の前にいます。

一人ぼっちで置き去りにされて、
後から来る人たちに追い越されて、
自分だけが置いてきぼり……。

孤独を感じたときは、
顔を上げてまわりを見回してみましょう。
あなたに手を差し伸べている人がいます。
あなたが歩きだせるまで、
ずっと待ってくれている。

「僕がいるよ。 大丈夫だよ」

そう言ってくれている人が必ずいることに
気づくでしょう。

大丈夫。
ぜったいうまくいくよ！

心に鉄の塊が埋まっているような苦しさ、
人生の大波に巻き込まれてしまい
もがいているとき、
あなたという船は大嵐の海原《うなばら》で
波にもまれています。

でも大丈夫、
あなたの船はとても優秀。

本当は、どんな大波もかわして
前進することができる特別性能です。

思い出してみて。
今までも幾度そんな大波を越えてきたことか。
行く道が見えず、長い間一人で途方に暮れていたことも。

それでもあなたは今ここにいる。

積み重ねられた経験や
しなやかな強さが、
このまま埋もれてしまうわけがない。

大丈夫。
ぜったい大丈夫。
ぜったいうまくいくよ。

自分のなかに
一本の金色に輝く線を感じてみましょう。
それは神様とつながっていて、
どんなときも
あなたを見捨てることはありません。

いろいろなことが山積みになって前へ進めないとき、
自分になんの価値も見いだせなくなってしまうとき、
あなたのなかにピンと張っている一本の金色の線を感じてみましょう。

私たちは生まれてくるときに、神様とお話しします。
どこに生まれるのか、どんなお父さんとお母さんを選ぶのか……。
そして、「いってらっしゃい」と神様に見送られて生まれてきます。
もし何か困ったことがあっても大丈夫なように、
神様はあなたとの間に一本の金色の線をつなげてくれています。

苦しいと感じるとき、傷ついてもう動けないとき、
その線を感じてみましょう。
あなたがどんなときも輝き、
力強く、しなやかに、誇り高く進んでいけるように
その金色の線を通じて、
神様はあなたにいつも力をくれているのです。

人のことがうらやましくて
不安になるときは、
「次は私だ！」と宣言しましょう。
そういう未来がやってきます。

他の誰かになりたい、
と考えたことはありませんか？
活躍している人、大金を稼いでいる人、
素敵なパートナーに恵まれている人……。

どうして私たちは、
いつもいつも誰かと自分を比べて
落ち込んでしまうのでしょう。

生まれたばかりの赤ちゃんが人と比較して
落ち込むことはないように、
魂は比較ということを知りません。

なのに、
「お隣のご主人、課長に昇進してボーナスアップですって」
「お姉ちゃんのことを少しは見習いなさい」
「この成績じゃ、ママ、恥ずかしくて……」
と誰かと比べて劣っているというレッテルを貼ってしまうと、
魂の自信や生きる喜びを
一瞬にして奪ってしまいます。

うらやましいと思う人が目の前に現れたときは、
神様からの大事な予言。

「次はあなたの番だよ」

ほら、龍神様が雲になって
現れてくれています。
「なんでも言って、あなたの願いを叶えるよ」
そう言ってくれています。

たくさんつらい思いをしても、
一生懸命なあなたのことが
神様たちは大好きです。

そんなあなたにこそ、
たくさんのご褒美を受け取ってほしい。
龍神様は、私たちの涙と心の傷を癒してくれる神様のお使い。
傷ついているあなたに
一番喜ぶご褒美を持っていくよう、
神様から使命を受けています。

つらく苦しいときは空を見上げてみましょう。
龍の形をした神様を見つけたら
遠慮なく願いを伝えましょう。
あなたは、それを享受できるだけの人生を願っていいのです。

凹《へこ》まなくて大丈夫。
今日の失敗は、
本番のために用意されたリハーサル。

失敗した。
言わなくてもいいことまでつい言っちゃった。
そんな自分が許せなくて、一日中落ち込んでしまう……
なんてこともあるでしょう。

でも安心してください。
物事は経験して初めてわかるもの。
このあと本当に大事な本番があって、
今日の失敗は、そのときのためのリハーサル。
迷惑をかけてしまった人、傷つけてしまった人も、
ちゃんとそのことを知っていて、
あなたが本番を見事にこなせるように
練習台になってくれていたのです。

次に気をつければ大丈夫。
来たるべき本番では、
素敵なパフォーマンスができますよ!

人生の岐路には
○も×もありません。
たどり着くまでのルートが違っているだけ。
どの道を選んでも正解です。

On the right track

物事が停滞したり、
形にならない時期が続いたりすると、
間違った道を選んでいるのでは？
と不安になるものです。

でも、あなたの人生のルートに間違いはありません。
今自分にいったい何が必要かなんて、
たかだか数十年の経験ではわからないようになっています。
宇宙はそれを全部知っていて、
あなたに今、一番必要な状況をつくってくれています。

今の不安は単なるお天気。
雨は生命をいきいきと輝かせ、汚れを流し、
美しい景色をつくります。
強い風はあなたの邪気を吹き飛ばし、
追い風をつくって後押しをします。

だからこそ、
楽な道では見ることのできないものを
見つけることができるのです。

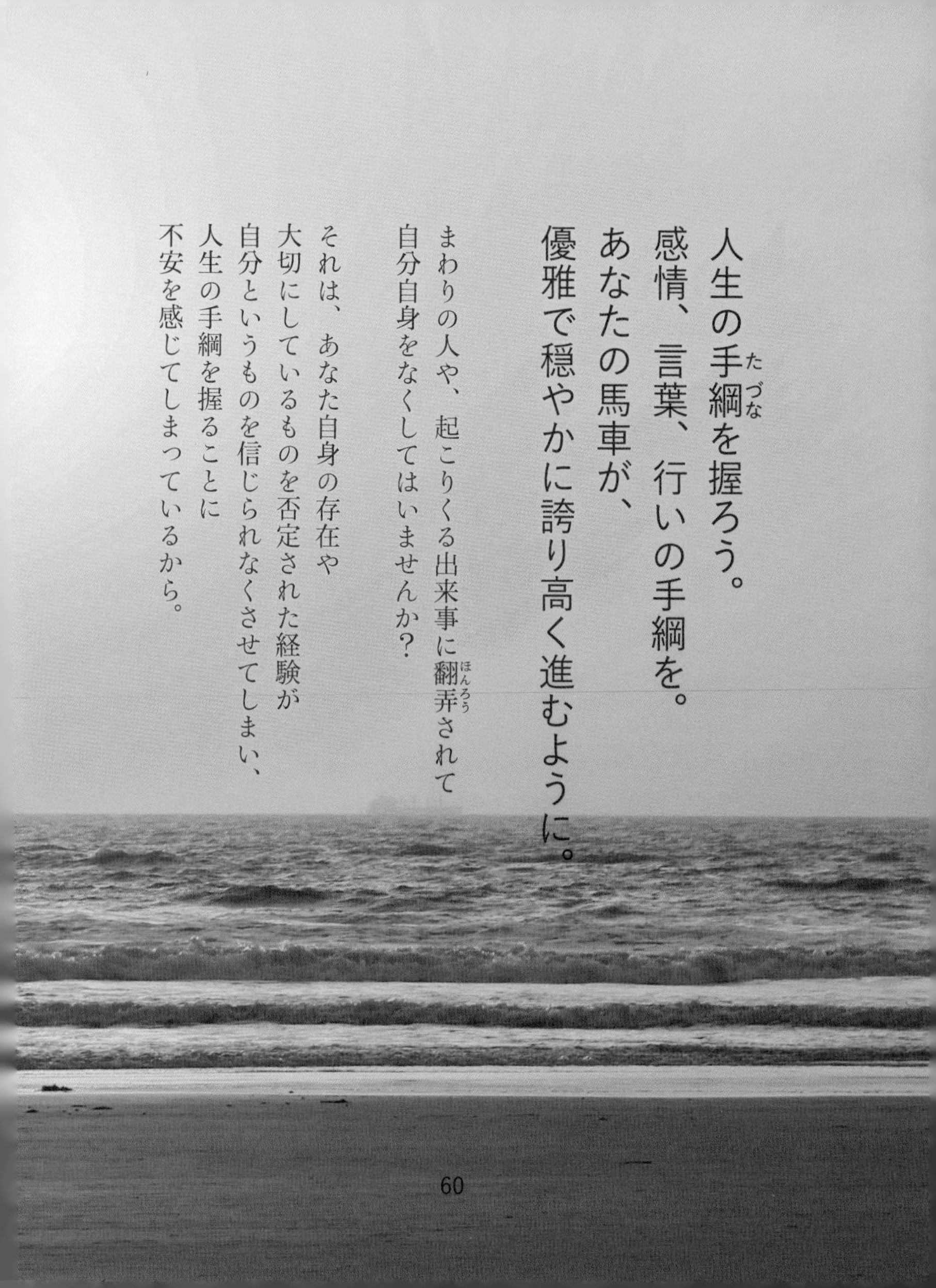

人生の手綱《たづな》を握ろう。
感情、言葉、行いの手綱を。
あなたの馬車が、
優雅で穏やかに誇り高く進むように。

まわりの人や、起こりくる出来事に翻弄《ほんろう》されて
自分自身をなくしてはいませんか？

それは、あなた自身の存在や
大切にしているものを否定された経験が
自分というものを信じられなくさせてしまい、
人生の手綱を握ることに
不安を感じてしまっているから。

人生はあなたのもの。
人に合わせて言葉を選んだり、
感情を閉じ込めたりしなくていいのです。

今どう感じてる？
本当にそう言いたい？
本当はどうしたいの？

自分の心を置き去りにしないであげる。
人生を魂とともに進む。
人に合わせて過ごすのは今日で終わり。
馬車は、あなた主導で人生のブロードウェイを
美しく駆け抜けていきます。

ありのままの自分を愛する、慈《いつく》しむ。
愛するというのは、
そのままを認める許容の力。

鏡を見て、テレビを見て、仕事のできる同僚を見て、
街ゆく素敵な人たちを見て、
「私ってなんてカッコ悪いんだろう」
と自己嫌悪の毎日。

でもね、人生というのは「あなた」の美しさに
いかに気づくかというゲームです。
本当のカッコよさ、美しさとは、内面の光のこと。

スタート地点がマイナスだと思っているなら、
劇的に変わる未来が必ず待っています。
だから、自分で自分を嫌わないで。

すっぴんのあなたが一番美しい。
ありのままの存在を慈しむことができたら
オーラはたちまち光り輝き、
あなたは美しい女神になるのです。

美しい太陽の光、心を動かす雲の形、
鳥のさえずり……。
それらはすべて神様からの
「そばにいるよ」
「そのまま進んでね」のメッセージ。

闇のなかでしか気づけない光や、雲や風の輝き、
鳥の美しい歌声。
もがき苦しんでいるからこそ、
順調なときには気にも留めなかった人の
笑顔や言葉に気づけます。

なんの標識もない人生で、
闇のなかを手探りで進まなければならないとき、
このようなサインで神様は
「道しるべ」を送ってくれています。

闇でもがいているときほど、
神様はあなたのそばにいます。
闇にいるときにしか見えない景色や神様の声に
耳を澄ませてみてください。

初めてではないよ。
あなたが今
したいと思っているなら、
それは魂の記憶に刻まれていること。

なかなか形になってくれない夢を
あきらめかけてはいませんか？
やりたいことはこんなにあふれているのに、
いったい何から始めたらいいのでしょう。

うまくいかなかったらどうしよう、 失敗したら恥ずかしい、
私たちが不安を感じるのは、
それが人生で初めてのことだから。

でも本当は初めてではないのです。
今あなたが形にしたいと思っていることは、
あなたが過去世でやり残したこと。
その経験をもっともっと深めるため、高めるために生まれてきて、
今それに着手しようとしています。

夢をイメージするときの
ワクワクの気持ちを思い出してみましょう。
そのワクワクは、
魂が心のなかでうれしくて飛び跳ねている証。
もしかしたらできるかも。
リアルな一歩の前に、
そんな心の声を聴くというベビーステップから
スタートしてみましょう。
このあとどんどん花開いていきます。

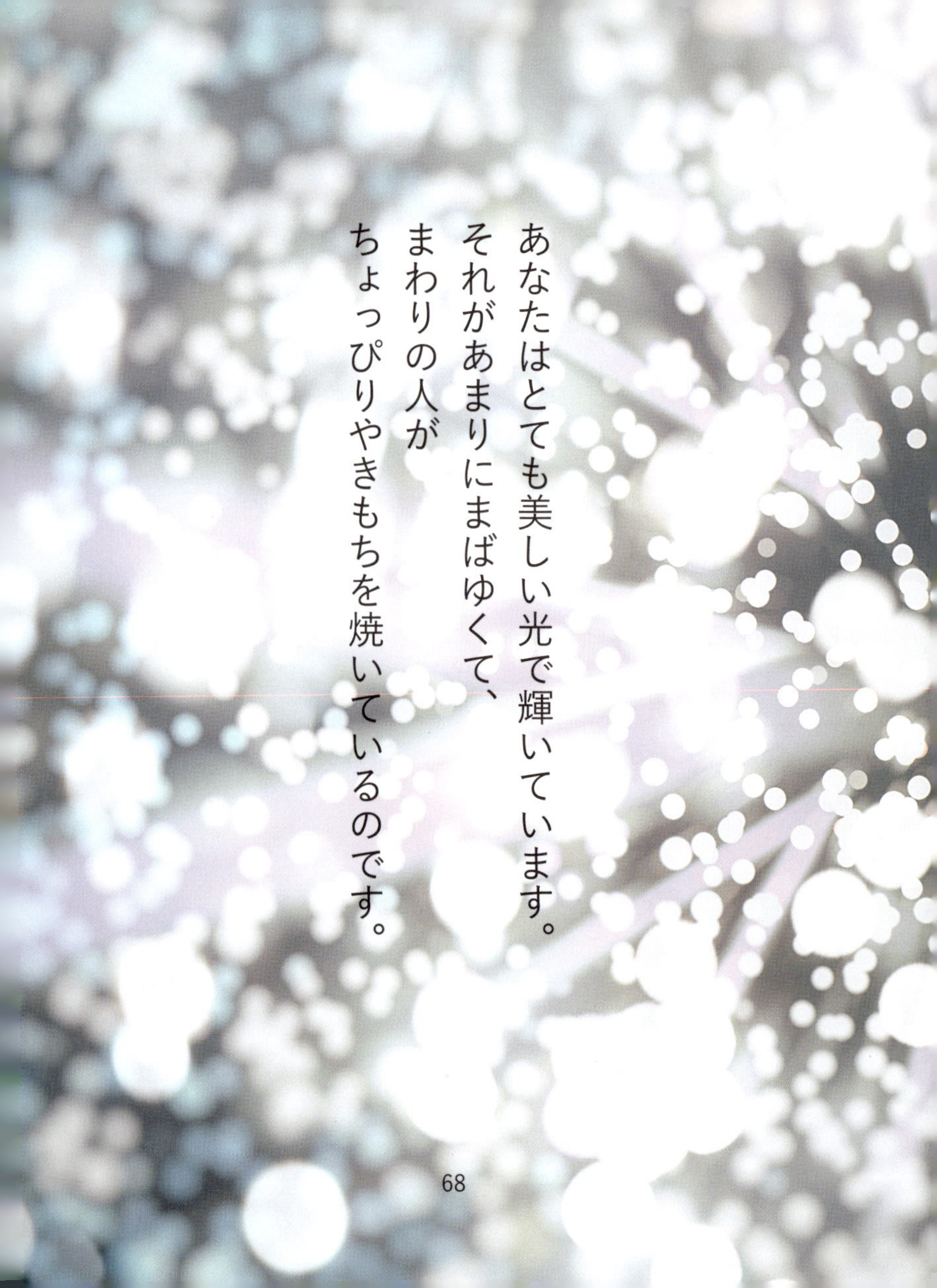

あなたはとても美しい光で輝いています。
それがあまりにまばゆくて、
まわりの人が
ちょっぴりやきもちを焼いているのです。

意地悪な人、自分にだけ冷たく当たる人、陰口を言う人……。
心に鋭いナイフを突き立てられるような痛みを感じて、
でもそんな人たちと離れることもできなくて、
一人ぼっちと感じてしまうとき、
それはまわりの人があなたに嫉妬しているから。
あなたがあまりに美しく輝いていて、
それがあまりにまぶしすぎるから
意地悪をしてしまっているだけなのです。

人の美しさというのは内面の光、魂の輝きです。
人は、その人の内面の光を
知らず知らずに感じているものです。
意地悪を言われたなら、
それはあなたの魂がまぶしく輝いている証拠。

いいのです。
その人があなたについてこられないくらい、
もっともっと磨きをかけていきましょう。

神様がくれた言葉、「イエスタデイ」。過去を肯定していいんだよ。過去のあなたに「イエス」と言ってあげて。

過去にどんなことがあっても、どんなことをしてしまっても、
今あなたがそれを悔やんでいるということは、
あなたが成長したということ。
そのときには気づけなかったことに、
今はちゃんと気づけたという、魂が磨かれた証。

考えてみましょう。
なぜそんなことをしてしまったのか。
いろいろなことが同時に起こって、
決してあなただけが悪かったわけじゃないことがわかります。

私たちは、お互いを磨き合うために生まれてきています。
一つの出来事を通して経験を積み、心が喜ぶこと、
反対に、そうでないことを日々学んでいます。

あなたが「言わなきゃよかった……」と後悔しているひと言も、
相手にとっては大きな気づきを得るための大事なひと言。
それは神様が相手のために、
あなたを通して言わせなくてはならないひと言でもあるのです。
そのことで、相手も成長できています。

罪悪感を持ち続けても物事はよいほうへは変わりません。
「もう二度としない」でいいのです。
あなたが自分を許し始めたとき、
あなたの新しい章が始まります。

いつでも止まれて戻れて方向転換ができれば、
景色も楽しめるし、
困っている人を助けることだってできる。
人生をあなたの〝法定速度〟で進むって、
とても素敵なことなのです。

私たちが人生を楽しむためのベストなスピード、
それが歩くときの速さです。
歩いているといろいろなことに出合います。
突然の雨による雨宿り、
古い町並みのなかの新しいカフェ、手書きの看板……。
道に迷っている人を助けることもできるし、
三叉路《さんさろ》でどの道に進むか考える時間だってたっぷりあります。

Enjoy your life

歩く速さはあなたの時間の密度を濃くし、
充実した人生を築いていきます。
遅いこと、時間がかかること、
自分のペースを悪いものと決めつけず肯定してあげましょう。
人と比べて人に合わせて、
自分のスピードをむやみに上げなくていいのです。
あなたの〝法定速度〟でいきましょう。

一歩が踏み出せなくて躊躇《ちゅうちょ》するのは、
それが人生を大きく変える
奇跡の一歩だから。
踏み出したくなるタイミングが来るまで
待っていて大丈夫です。

「こうなりたい！」

「こうしたい！」

という夢はちゃんとあるのに、
そのために何をすればいいのかわからない。

わかっているけど踏み出せない、気づけばまた一年が終わる……。

でも、その気持ちを否定しないであげましょう。
なぜなら、どんなことも初めてのときは不安でいっぱいだから。
一人で進むのはとてもリスクの高いことだと、
あなたの積み重ねた貴重な知識が
ふさわしいタイミングを見計らっているのです。

踏み出せないのはそれが大きな一歩だから、
あなたの人生の舞台を
まったく違った場所に移す行動だからです。

風向きや天候、大安、仏滅……。
飛び立つときのベストなタイミングを
魂が今きちんと調整しています。
追い風が来るときまで焦らなくて大丈夫。
もうすぐさよならする今の世界を、楽しみましょう。

心の本を開いてみましょう。
そこには
なんと書いてありますか？
あなたの魂は
なんと言っていますか？

私たちはこの世に生まれてくるときに
叶えたい夢を書いた一冊の本を渡されます。
書かれている夢はとても純粋。
海辺に住みたい、果物を育てたい、馬と暮らしたい……。
ありふれた、小さいけれど温かな思い。
それを実行することが、幸せへ続くルート。

けれども、それがたいへん難しい。
なぜならみんな
〝偉大な何者か〟にならないといけないと思っているから。

心のなかにしまわれた
夢が書かれた本を思い出してみてください。
ページに風を送って、息を吹き返させてあげましょう。
そんな奇跡の一冊が、あなたのなかにもあるのです。

今、あなたが地上での人生を終えて
天国に来たばかりだとして、
やっておけばよかったと
悔やむことはありますか?
それが、あなたが今世にしてきた約束です。

体がなくなって天国に昇るとき、
最初に出てくる言葉はなんだと思いますか？
それは「やっておけばよかった……」。

体がなくなるとできないことがあります。
好きなものを食べること、旅行すること、
お気に入りのサウンドを聞くこと、
歌うこと、踊ること、笑うこと、
お礼を言うこと、大好きだよと伝えること、
手をつなぐこと、抱きしめること。

天国へ昇るとき、私たちは最後の灯を見ます。
地球の輝きという、この上なく美しい光、
それを見つめながら、上へ上へと昇っていきます。
そしてできなかったことを、それは悔しく思い、涙するのです。

我慢していること、あきらめていること、
もういいやと忘れようとしていること、
今それを実行するときです。

運命の恋人は
誰にでも必ず用意されています。
大事なのは目の前の人が
運命の人かどうかではなく、
今、目の前にいる人を
運命の人として
接することができるかどうかです。

まわりはどんどん結婚していく。
いつまでたっても理想の人に出会えない。
早くパートナーが欲しいのに、
私って誰にも必要とされていないのでは？
一生このまま一人なのでは？

安心してください。
運命の人は、誰にでも用意されています。
きちんと用意されているからこそ
私たちは生まれて来ることができたのです。

万が一、今の相手とうまくいかないときは、
次の運命の人が待っています。
恋愛は神様がくれた最高のエンターテイメント。
だから少しだけドラマティックに仕立てたい。

今日から出会う人すべてを
運命の人と思ってみましょう。
性別、年齢、収入、職業、まったく関係なしに
運命の出会いと感謝してみましょう。
必ず大事な何かを教えてくれます。
そして、必ずすごいミラクルが起こります。

時間を増やす魔法は、「時間はたっぷりある」とつぶやくこと。

山積みの仕事、ぎゅうぎゅうのスケジュール、
時間に追われ、焦りばかりが積み重なって、
三連休もお正月休みも、あっという間に過ぎ去ってしまう。

時間とお金には共通点があります。
それは、大事に使うと何倍にも価値が膨らみ、
リラックスしていると増えていく、ということ。

１万円を大事な何かに使ったら
それがプライスレスな買い物になるように、
時間もリラックスしながら大切に使っていると、
使える時間が増えるという性質を持っています。

そうしていると潜在能力が開かれていくので、
今まで数時間かかっていた作業がものの10分でできるように！
ゆっくりくつろぐ時間、好きなことをして過ごす時間が
どんどん生まれてきます。
24時間だった一日は、何倍にも広がっていきます。

そのためのおまじないの言葉は
「時間はたっぷりある」。
そのひと言で
あなたの時間が変わります。

人生がある日
突然ひっくり返されてしまったと感じるなら
あなたはメビウスの輪の上にいます。
焦らずそのまま前に進めば、
ちゃんと穏やかな場所へ
戻れるようになっています。
しかも今までとは比べものにならないほど
景色のいい場所へ。

Möbius strip

ある日突然、予期せぬ出来事や問題が起こる。
悲しみや不安でどん底へ突き落とされる。
出来事の渦中はいつも大嵐……。

でも大丈夫！
人生はメビウスの輪。
行き止まりも迷い道も落とし穴もない。
進めば進むだけ、高い次元へ運んでくれるのです。

予期せぬ出来事は
いつもがんばっているあなたを上のステージへ運ぶ、
神様から差し伸べられた温かな手。

いつか今の場所を見下ろして
懐かしく話せるときが必ず来ます。

心のごみ箱を空っぽにしてみる。

残業、家事、介護、子育て、おつきあい……。
やることが後から後から山積みになって、
心がいっぱいいっぱいになっている……。

こんなとき物事を動かす一つの方法は、
ごみ箱を空っぽにすること。
部屋のごみ箱を空っぽにすると、
よい運気のフローが起こり始めます。

ついでに心のごみ箱も空っぽにしましょう。
心に詰まった言葉を一つ一つ取り出してみましょう。
言ってはいけないと我慢している言葉が、
命の輝きをせきとめてしまっているのです。

「めんどくさい！」「やりたくない！」
「なんで私が？」「私ばっかり！」

文字というのは、
負の感情を排出してくれる力を持ちます。
紙とペンを用意して、やらなきゃいけないこと、
気になって眠れないこと、言いたくても言えないことを
書き出していくと、
それだけで焦りや不安が心のなかから流し出されて、
心のごみ箱が空っぽになります。

つらかったね。
よくここまで来たね。
神様は両腕いっぱいの力で、
あなたを抱きしめてくれています。

Admiration

よくここまで来ましたね。
あなたの人生には、
乗り越えるのに困難な高い山がいくつも用意されていました。

何を言われてもこらえたこと、
傷つきボロボロになった心、
その苦しみを心の奥に押し込んで、笑顔を絶やさなかったあなた。

それを神様は全部知っています。
どれをとっても他の人じゃできなかったことばかり。
あなただからここまでやってこれたのです。

神様はそんなあなたを誰よりも誇りに思って、
今、力いっぱいあなたを抱きしめています。

誰でも
すべてを思いどおりにできる
魔法を持っています。

おとぎ話に出てくる魔法使いの「魔法の杖」は、
一瞬にしてなんでも叶えてくれる優れもの。
これはファンタジーの世界だけの話？

いいえ、そうではありません。
あなただって、魔法の杖を持って生まれてきています。

それが、〝笑顔〟と〝優しい言葉〟。
神様は私たちに
この二つを用意してくれました。

安心させてあげること、
勇気づけること、励ますこと、
「心配ないよ!」って笑い飛ばすこと。
心の深い傷を知っているあなたでなければ
言えない言葉があります。
できない笑顔があります。
それこそが私たちに渡された魔法の杖。

それが使えたなら、
あなたはもう
自分の夢も人の夢も叶える力を持っているのです。

幸運は空からやってくる。

いつもラッキーやハッピーに
恵まれている人は、
空を大事にしています。
太陽に感謝し、雨を楽しみ、
追い風や向かい風を上手に利用しています。
太陽の光はもちろん、雨や風もあなたを癒し、
人生をスイスイ進めるようにしてくれる
神様からの贈りもの。

From the sky

天気や季節の移り変わりを楽しむことができると、
神様との距離がぐっと近くなります。

落ち込んでついうつむいて歩いてしまうときこそ、
空を仰いで神様とつながりましょう。
全叡智をになう神様パワーは、空から降ってきています。

刻々と移り変わる朝日や夕日、雲間の光……
決して同じ光は現れません。
それはあなた自身が日々刻々と進化しているから。
今日だけの空、今だけの光を感じてみましょう。

本当は大好き。
本当は仲よくしたい。
ずっと一緒にいたい。

大好きだった人と意見が合わなくて、
わかってもらえなくて、悔しくて憎たらしくて、
悲しくて、もう二度と会いたくない！と思うとき、
衝動的に関係性を断ち切ってしまいたくなるものです。

でも、ちょっと待って。
本当はその人が嫌いなのではなく、
大好きだと思っていたのに、
わかってもらえなかったことが悲しいのでは？
喧嘩したくないのに、
喧嘩になってしまったことが苦しいのでは？
離れたくないのに、
距離ができていることがつらいのでは？

今まで順調だった間柄がつまずき始めるのは
二人の関係が次の段階へ上がったとき。
さらに深い絆を結ぶ、祝福すべき段階なのです。

迷うときは心の天秤にかけてみる。どちらが重いか感じてみる。

私たちには持って生まれた叶えたい夢があって、
出会う約束をした運命の人がいて、
人生とは、本当はワクワク楽しく進めるところです。

でも、同時にそれを邪魔するものも満ちあふれています。
常識だったり、怖れだったり、経済状況だったり、
はたまた人からの評価だったり。
自分で結論が出せないのは、
あなたの魂とあなたの脳がバトルしているとき。

魂は純粋な情熱です。
あなたを望む場所へストレートに連れていってあげたい。
だから時間もお金も関係なく、ぐいぐいあなたを引っぱります。

Balance

一方あなたの脳は冷静な理性。

「今入学金を支払ったら、家賃が払えない！」

「会社を辞めたらやっていけるわけないよ！」

理性であなたを鎮めます。

迷いはいつも情熱と理性の攻防、
答えが出ないときは、
心のなかに天秤をイメージしてみましょう。
それはどちらに傾きますか？

傾くほうが今は正解。

あなたの心の天秤は間違うことはありません。

数字の呪縛から抜け出し、本質を見つけよう。すると、次への扉が大きく開きます。

ランキング、売り上げ、年収、いいね！の数、成績、マンションの階数、車の値段……。

すべて数字に換算して物事の価値が決まってしまうこの世界では、毎日生きるだけでクタクタになってしまいます。

人生は、誰がいち早く
そんな窮屈《きゅうくつ》な世界から抜け出せるかを競うゲーム。
数字を争う世界で焦りや不安を抱えるのは、
言ってみれば砂でできたお城に住んでいるようなもの。
いつ崩れるか、毎日戦々恐々としています。

不安になったら、ハートで動いてみましょう。
初めて職場に入ったときのドキドキワクワクの気持ち、
憧れていたものが手に入ったときの喜び、
追いかけ続けてきた夢へのモチベーション。

初心はあなたを感動の波動で包みます。
表面的なことではない、
本当に大切な本質を見る目を開かせます。
ハートで動くと、数字やステイタスでは決して開かない、
絶対に崩れることのない世界の扉が開きます。

恋愛と片づけの神様は、心のパワーが充満したら誰にでも必ずやってきます。

理想の恋人と出会えない、片づけができない
と悩んでいる人の共通点は、
人生において「心のおそうじタイム」がきたということ。

どちらの悩みも、心のなかに思い出が詰まりすぎて
重くなっているときに起こります。
あなたに落ち度はこれっぽっちもないのです。

Clean up your past

こんなときは、
あなたという飛行機を
上昇気流に乗りやすいように
軽くしてあげましょう。
心に詰め込まれている
「悲しみ」「怖さ」「孤独」を
思い出してみましょう。

それだけで
一段、また一段と人生は軽くなり、
片づけも恋愛も同時に進み始めます。

大丈夫！
恋愛にも片づけにも、神様は必ず降りてきます。

あなたの人生のドラマの視聴率は何パーセント?

ほっと一安心したと思ったら、
爆弾級の問題が起こる。
「なんでそうなるの?」
「どうしてそういうことが平気で言えるの?」
というときは、
あなたの人生というドラマが新展開に入った証拠。
一歩離れて自身のドラマの視聴者になってみましょう。

自分の毎日をドラマだと思ってのぞいてみると、
主役のあなたは、
毎回とんでもないヤツに振り回されたり、
引っかかったり、つまずいたり、
けれど必ず優しく助けてくれる誰かが現れ、
気づけなかった愛や奇跡の光に涙したり……。
ぜったい安全なジェットコースターに乗っているのがわかります。

そんなドラマのシナリオライターは、
神様とあなたの魂。
生まれる前に一緒に考えた
最高の視聴率をはじき出すドラマ。

そのドラマ、視聴率は何パーセント?
来週はいったいどうなる?
ドラマは必ず、
ハッピーエンドで終わります。

心に風と光を入れよう。

「物事が進まない」と閉塞感を感じるなら、
心の窓が閉まっているサイン。
こういうときは〝動き〟をつくってみましょう。
トイレに行く、ベランダに出る、カーテンをあける……。
どんな小さな動きでもかまいません。
そして、動けた自分をほめてあげましょう。

細胞は常に振動していて、どんなときでも前進しています。
決して後ろに戻ったり下がったりすることはありません。

今日のあなたのささやかな動きが、
人生の大きなムーブメントへとつながっていきます。

「終わり」というのは
何かがなくなることではなくて、
「いったん休憩」の意味。
魂の糸はいつだって、
冬の次の暖かい春につながっています。

物事に終わりがあるのは、
私たちを休ませるため。

終わりという字は「糸」と「冬」。
季節が繰り返し間違うことなくやってくるように、
ずっとどこまでも
冬の次の春にちゃんとつながっています。

終わりは決して悪いものではありません。
終わりというのは、何かが消滅することではなくて
次のためのエネルギーを補充する時間。
休みなく走り続けた人にやってくる
神様からのねぎらいのひとときです。

終わりと聞いてショックを受けるのは
何かを失ったと思うから。
「終わり」は、さらにパワーアップした
次の未来へ進むための、
あなたにとって大事なコーヒーブレイクです。

人の気持ちを動かすと
大きなお金が動きます。
あなたの「うれしい」
「楽しい」
「おもしろそう」が
相手を大きく揺さぶるのです。

ミリオネアになりたい！
宝くじで大当たりしたい！
一生遊んで暮らしたい！

そんなことは夢のまた夢？
いいえ、そうではありません。
私たちは生まれてくるときにすべてに満たされる人生を、
神様と約束してきています。
でも、まわりの人たちはこう言います。
「そんなのムリに決まってる」「もっと現実を見なさい」
それに影響されると、
お金を引き寄せる力はフェードアウトしてしまいます。

お金は心を揺さぶる力に引き寄せられます。
今日からは「ミリオネアになる」をスタートに、
「楽しい」を選んで進んでいきましょう。
魂はあなたのアファメーションをGOサインととらえます。
魂がお金を引き寄せる能力を目の当たりにするのも
もうすぐです。

あなたにしかできないこと、
あなたにしか伝えられない言葉があります。
それをあなたにしてほしいのです。

この地球上に約75億人の人たちがいて、
もしみんなの夢も人生経験もまったく同じで、
好きな食べ物も音楽もまったく同じだったらどうでしょう。

私たちがみな一人ひとり違う特質を持っているのは、
新しいエネルギーを生み出すため。
違う力が掛け合わされて、次への推進力をつくるため。
これをコラボレーションといいます。

だから神様は私たちに、一人ひとり違う経験をさせています。
違う夢や違うお気に入りを持たせています。
だからこそ、あなたにしかつくれない
唯一無二の色や言葉が存在するようになっています。

どんなに人と同じことをしていたって、あなただけの世界が生まれる。
そして、それを必要とする人が必ずいる。
あなたが必ず輝ける。
それがこの地上です。

その人の
ブライトサイドを見つけてあげよう。

誰の心のなかにも
キラリと光る輝きがあります。
この人苦手だな、この人とは友達になれないな、
あなたがそう警戒する人というのは
深い闇を持っていて、
光が埋もれてしまっている状態。
あなたの位置から
その光が見えにくくなっているだけなのです。

光は闇のなかで苦しんでいます。
その光を見つけてあげましょう。
心のなかに行き場を失った孤独の光が
こっちを向いて立ち尽くしているところを
イメージしてあげましょう。
それだけで闇はみるみるうちに溶けだし、
隠れていた光は
あなたをまばゆく照らし始めます。

ブライトサイドとは、
明るい面、長所、素敵なところのこと。
誰でもそういう一面を持って生まれてきています。
人を光の存在として見てみると、
あなた自身も一層輝くのです。

物事の本当の姿というのは、
穏やかな水面にこそ
映し出されるもの。

The mirror in your heart

荒れた水面では、
そこに何が映っているかわかりません。
けれど、静かな水面には
世界が美しく映ります。

それは、目で直接見る景色を
はるか超えた奥へ奥へと広がる真理の世界。
一つの景色が十にも百にも示唆を与えて
魂をゆるやかに解き放ちます。
気づけなかった優しさや美しさを
見せてくれるのです。

心が穏やかな水面であることを意識しましょう。
そこには必ずあなたの純真な心が
映し出されてきます。

この人生はあなたのもの。
親、先生、上司の言葉が正しいとは限らない。
ときには神様だって
信じられないこともあるでしょう。
あなたの基準って、
実は意外と正しいのです。

まわりの人の言うことや、
テレビや雑誌の情報に合わせた自分を装ってはいませんか？
あの人がこう言ったから、人に悪く思われたくないから……。
手帳には行きたくない予定がぎっしりで、
携帯電話も手放せない。
そんな自分に疲れ切ってはいませんか？

人生の目的の一つは、
すべてのものから解き放たれること。
面倒な人間関係からも、お金の不安からも。
そして、「こうでなければいけない」
とまわりに指図されない人生を手に入れることです。

一人の夜に「本当はどうしたい？」って
自分に聴いてあげましょう。
「こんなのイヤだ！」と泣いているあなた自身の声を
聴いてあげましょう。

それはあなたの魂の思い。
魂と手を取って人生を進めたら、
それが一番の正解です。

あなたの恋は、
上質のチョコレート？
それとも袋詰めの
お徳用チョコ？

上質なチョコレート一粒は、
色、香り、味わい……
すべてにおいて心が豊かに満たされるもの。
食べてしまうのがもったいないほど、
自分を限りなく優雅な気持ちにさせてくれる
不思議な力を持っています。

恋愛も同じ。
そんな、上質なチョコレートのような恋愛をしましょう。
自分を上質と決め、優雅と決めましょう。

あなたのまわりには、
選ばれた人だけが現れ始めます。

あなたが生まれてきた。
それだけで、
親孝行は済んでいるのです。

お説教に指図に小言、
いつも何かと心配をしてくる親。
仕事や恋人、食べるものにも口を出し、
そんな親から「離れたい！」と思う気持ちと同時に、
苦労や迷惑ばかりかけた罪滅ぼしもしなくちゃ
と思っている優しいあなた。
でも、生まれてきただけで親孝行は済んでいます。

子どもとは、
親を幸せにするために生まれてきます。
あなたがかけた苦労や迷惑というのも、
親に何かを教えるための子どもからの〝お題〟。

お父さん、お母さん、私がいるから大丈夫だよ。

親のことでネガティブになるときは、
両親の魂にそう呼び掛けてみてください。
お互いを幸せにするエネルギーが回り始めます。

バッグの整理をしよう。
あなたのバッグは、
あなたの心を映す小宇宙。
中身を軽くするだけで、
心はとても軽くなります。

あなたのバッグには、
どんなものが入っていますか？
手帳にペンケース、お気に入りのハンカチ。
あなたのバッグは、あなたの理想の心。
なるべき理想の未来の自分が詰まっています。

人生を軽く羽ばたかせる一番簡単な最初の一歩は、
バッグを軽くすること。
いらないレシート、使用済みのティッシュ……。

それらを取り除いてあげるだけで
エネルギーは復活します。
さらにバッグもグレードアップさせましょう。
大好きな形、色、柄……。
自慢したくなるような
大好きなバッグとともに、
あなたの人生は高らかに上昇し始めます。

あなたが奇跡の始まりになる。

笑顔で幸せそうな人がそばにいると、
自然と軽い気持ちになりませんか？

それは、その人の喜びの波動が
まわりにも伝わるから。

「ありがとう」と言ってみましょう。
小さな幸せに奇跡を感じて喜んでみましょう。
あなたの感謝が波のように広がって、
地球を一周していきます。

あなたは運気を回す力の持ち主です。
もうすぐ最初に投げた「ありがとう」が
何倍にも大きくなってあなたの元に帰ってきます。

うれしさ、楽しさ、喜びで
心がいっぱいになるとき、
そこには天使がたくさん集まっているのですよ。

Blessing

結婚式や成人式、七五三……、
喜びのパーティーやお祝い事に出合うと
うれしい気持ちでいっぱいになるのは
そこにたくさんの天使たちが集まっているから。

天使たちはいつも私たちのそばにいてくれています。
私たちががんばっているとき、
得意なことに熱中しているとき、
歌やダンスやスポーツを楽しんでいるとき、
天使たちはいつも地上の私たちを祝福し、
もっとたくさんの豊かさであふれるように
神様にお願いしにいってくれます。

喜びやうれしさは、さらなる大きな奇跡を連れてきます。
祝福の連鎖をつなぐのが
天使です。

さあ、たくさん喜び祝いましょう。

この広い宇宙で
私たちが知っていることは、
砂漠の砂のほんの一粒にも満たないもの。
「自分は何も知らない、ということを知っている」
ことに気づくと、
神の叡智は降りてきます。

突き詰めれば突き詰めるほど、物事は奥深く、
その果てしない世界のなかで、
あるとき、自分がまだまだ成長途中であると気づかされます。
神の叡智は、人の一生で受け取れる量を
はるかに超える大きさで私たちを包んでいます。

〃自分はまだまだ何もわかっていない未熟な存在〃
と思う謙虚さに天の波動は共鳴し、
神の叡智が降りてきます。

何かを知りたいときはもちろん、
初めてのことや失敗に心が混乱するときは、
神様に、人に、そして起こった出来事に、
「教えてください」とお願いしましょう。
ひらめきや気づきがあったら、
「教えてくれてありがとう」と伝えましょう。

偉大な天空に敬意を表し、
そこに包まれた自分の若さを意識することで、
神様はとても喜んで、
あなたに「さらなるとっておき」を教えてくれるのです。

あなたは大樹。
しっかりと根を張り、
枝葉を広げて
力強く立っている。

A big tree

よくここまでがんばりましたね。
ここまでくるのに、
それは並大抵なことではなかったでしょう。
打ちつける雨風の強さ、
ときに稲妻に体を引き裂かれることもあったでしょう。

それでも果敢に立ち向かい、
孤独を耐えてきました。
その枝葉は癒しの木陰をつくり、
雨風から命を守り、
巣をつくり、育むものを
優しく見守り続けてきました。

そんなあなたは、
誰にとってもなくてはならない大切な存在。
すべてを明るく照らす光そのものです。

奇跡貯金をしよう。
奇跡って、積み重なってある日
大きくなってやってくるもの。
今日あなたに起こった奇跡はなんですか。

奇跡というのを
「ある日突然、目の前に現れるスゴイこと」
と定義してしまっていませんか。
私たちの脳は、
がんばってもがんばっても
手に入らないものにエネルギーを費やしすぎると、
「これは自分を苦しめるもの」
と認識するようになって、
それを嫌いになってしまう特性があります。

奇跡というハードルを
あまりに高く設定してしまうと、
そのうち〝奇跡〟を遠ざけていくという
困ったことが起こり始めます。

今日から奇跡貯金をしましょう。
最初の奇跡の定義はうんと低くします。
朝、いつもと変わらず目が覚めた、
コーヒーがいつもよりおいしかった、
それが奇跡。

大きな奇跡の前に
まずは小さな奇跡を見つけましょう。
積み重なった奇跡が、
あるとき満期になって、
これぞ「ザ・キセキ」を連れてきます。

あなたはダイヤモンドと同じ輝きを放っています。

ダイヤモンドのなかに差し込んだ光が
一番美しく反射するのが58面体。

ぶつかって、傷ついて、
いくつもの困難を乗り越えたあなたは、
58面体にカットされたダイヤモンドのように堂々と光を放ち、
まわりの人たちをも輝かせています。

さまざまな経験と
光を柔らかく潤す透明な涙で、
神々しく輝くのです。

地球に生まれてきたということは、
誰でも世界を舞台に
活躍できるようになっている
ということです。

ワールドカップ、世界選手権、世界平和……、
そんな言葉は知っているけれど、
まさか自分が国境を越えて、言葉も文化も違う世界で活躍するなんて
夢のまた夢。
いったいどれだけの努力が必要なんだろう。
自分には遠い……とため息をついていませんか？

あなたはこの地球に生まれてくる前、
宇宙に輝く一つの美しい星でした。
そこから青く輝く地球にランディングしたのです。
宇宙から見る地球は、ボーダーレスの球。
誰もが地球上を駆け巡って活躍できるようになっています。

さあ、自分と国際的な舞台の間に横たわっている
一本の棒を取って、バネにして飛んでみましょう。

心配しないで。
私たちには言葉も文化も超えた、「心」という共通語があります。
あなたの深い思いは、必ず世界を駆け巡ります。

あなたのなかに
決して消えない
美しい光の炎が燃えています。

神様に、魂というものを見せてもらったことがあります。
それはとても俊敏《しゅんびん》に動き、
いっときとして同じ形にとどまらない、
炎の揺らめきを持った七色の光。
ぜったいに燃え尽きることのない
力強い瑠璃《るり》色の珠《たま》。

オーロラのように
揺らめき燃える炎が私たちのなかにあって、
明日へ明日へとけん引していきます。

魂はいつも前向きです。
「自分が連れていくんだ」と
どんなときも炎のきらめきを絶やさず、
最高の力で燃え続けています。

あなたはこの炎のきらめくエネルギーを
何に使いますか？
どんなことで燃焼させたいですか？

光はもう
あなたをまばゆく輝かせています。

朝のパワフルな太陽、夏の力強い日差し、黄金色の夕日、
ふと見上げた柔らかい月の光、街角のイルミネーション……。
光はいつも、明日への希望と勇気を与えてくれて、
「一人じゃないよ」と語りかけてくれています。

そんな光の存在を知るために、
神様は私たちの人生のいっときに、
深い闇を持たせてくれました。
人の優しさ、言葉の温かさ……、
それらがかけがえのない価値を持っていることを教えたくて、
神様はあなたに漆黒の闇と輝く光を授けたのです。

闇はこの世の光を何よりも美しく映すスクリーンにもなります。
毎日になんの変化も感じられず、
自分だけが置き去りにされていると感じていたとしても、
あなたの闇のスクリーンには、
輝く光が映し出されているのです。

あなたという光は
闇からしか見えないもの。
闇を抱きしめられるようになるとき、
後ろから差し込む鮮やかな光を感じることでしょう。

そんなあなたこそ、地上を照らす光、
ライトワーカーとなることができるのです。

心が癒され、浄化を促す ミラクルフォト

この章では、心を浄化する美しい写真「ミラクルフォト」を集めました。「ミラクルフォト」は、先のブライトワード同様、心を照らし、神様の高波動を感じられるものばかりです。神様は雲や光などを通じて、私たちに寄り添ってくれていることを知らせています。

ふと空を見上げたり、風景の一コマを見て、「美しい、写真に収めたい！」という気持ちになるときは、神様を近くに感じているとき。高波動のエネルギーがあなたに注がれています。

１４８～１５７ページの写真は、私が日常のなかで神様を感じたときに撮影したものです。すべての写真に神波動が宿っているので、見るだけでも心が癒されたり、浄化されたりするでしょう。

気持ちを落ち着かせたいとき、夜寝る前などに、このミラクルフォトをご覧いただき、リラックスしていただければ何よりです。

神様からのメッセージ「ミラクルフォト」を撮ってみよう！

神様はいつもあなたのそばにいることを伝えたくて、いろいろな形でメッセージを送ってくれています。そのサインのひとつが「わぁ！きれい！」「わぁ！ステキ！」と言いたくなるとき。あなたの“感動”の波動に、神波動がコラボしている状態です。

そんな言葉が出てくるときは、ぜひ写真を撮ってみましょう。あとで見てみると、撮るときには気づかなかった不思議な光や、はっきりしたメッセージが現れていて、大きな示唆をいただけるでしょう。

よい写真を撮るコツのひとつは「ムリして撮らないこと」。運転中、電車のなか、街なかなど、写真を撮る状況でないときは、目でしっかりと記憶に収めておけば大丈夫です。神様はまた別のときに必ずあなたがわかる形で現れてくれますから、安心してください。焦らない自制心に、神様とつながる力はさらに磨かれます。「なにかスゴイものを撮ってやろう！」と意気込むのではなく、一期一会の景色を慈しむ心に、神様のメッセージは宿ってきます。

龍神雲

龍の形をした細長い雲は、心の傷を癒し願いを叶えてくれるために現れます。
特に光と相まって黄金に光る場合は、強いパワーを授けてくれます。

《龍神雲と魂の光》

龍神雲の頭部の光は、私たちの魂の炎です。この魂の炎が私たちの生命をけん引していきます。人生を生き抜く力強さをくれる雲と光です。

《命の火を噴くドラゴン雲》

夕日のなかで口から火を吐いているように見える雲は、ジェット噴射で潜在能力を目覚めさせ積極的に人生を開かせる、龍神雲から派生したドラゴン雲。生命エネルギーに満ちたルートチャクラ（生きる力、前進する力）に火をつけてくれます。

《願いを叶える双頭の龍神雲》

双頭の龍神雲で、単体の龍神よりも願いを叶える力が強力。双頭はもちろん、普通の龍神雲を見つけたときは、悲しかったことを思い出しましょう。そして、欲しいものを願いましょう。「旅行したい」「お金が欲しい」。飾らない思いをぶつけると、心の傷が癒え、きっと近く願いを叶えてもらえますよ。

《レインボー龍神雲》

年が明けるたび誰でも運気が大きくアップします。そんな新しい年の始まりに、青空に悠々と現れてくれた龍神雲。素晴らしい一年を約束するレインボーをまとって、たくましく私たちを引っぱります。

悲しみに暮れたあなたを温かく包み込む龍神雲

龍神様はとても心の優しい神様です。人間の悲しみを一番知っている神様と言っても過言ではないほど、人には言えない、誰にも相談できない、たった一人で耐え続けてきた人生の理不尽さを理解し、心のひだの奥に隠された涙に気づいていてくれています。

龍神雲は、私たちがどうしようもない悲しみに暮れているときに現れてくれます。心ない言葉でハートを深く傷つけられたとき、がんばりをわかってもらえず悲しみに打ちひしがれているとき、厳しく非難され孤独を感じるとき、自分に限界を感じ自信を失うとき……、なぜかふと空を見たくなって見上げると、青空や夕焼け空をバックに、美しく延びる一本の雲を見つけます。それが龍神雲です。

龍神雲は立派な龍頭を持つときもあれば、うろこをたたえたまっすぐに延びる胴体だけのときもあります。顔が違う方向を向いていても、目線が合っていなくても、その雲がこちらを見ているのがわかります。それは、龍神様のハートを感じている証拠。龍神様は涙に暮れた私たちの顔を優しく、でもしっかり見つめ、こう言います。

「ちゃんとわかってるよ。つらかったね。よく耐えたね」

心を傷つけられたということは、人の怒りや不安という邪気を受け取ったこと。それはまさに神の行い。人は傷ついた分、優しくなり、そしてさらにさらに神に近くなる。けれどその分、自分の存在を間違ったものだと感じたり、生きることに怖れを感じ前に進めなくなったりします。

龍神様はそんな地上の天使たちが決して人生をあきらめないよう、いつもぴったりあなたのそばについています。

悲しくて涙が止まらないとき、心の傷が痛んで孤独を感じるときはもちろん、がんばっているとき、誰かに優しくされたとき、龍神雲はしょっちゅう現れて、あなたの涙を吸い取ってくれています。そして、こう言っています。

「ご褒美を用意しているよ。何が欲しいか、なんでも言ってみて」

天界からのご褒美がもらえるなら、もう少しがんばってみようかな。あなたがそう思ったとき、龍神様は安心してそれはうれしそうに、にこっと笑います。そんな龍神雲のハートを感じてみてください。

神々の雲

雲は霊的には神様そのものです。空は天界のスクリーンで、神様たちは
さまざまな形の雲になって現れています。

《菩薩《ぼさつ》雲》

あなたの優しい気持ちが神々に伝わり共鳴するときに現れる、菩薩様の形をした雲です。菩薩様の存在と空の美しさに手を合わせ感謝しましょう。

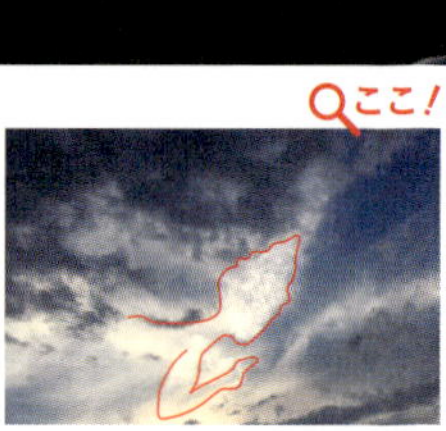

《大《おお》国主命《くにぬしのみこと》雲》

中央辺りの光の玉のように見えるのが、大国主命様の横顔。あなたのがんばりが実を結び、もうすぐ願いが叶うときに現れます。笑顔で「ありがとうございます！」と伝えると、さらに大きな願いを叶えてくれます。上部のウロコ雲のように見える雲は女神の翼雲で、大きな癒しの波動で地上を包み込んでくれています。

《神々の集会》

天の波動が高く、大浄化が起こった日の夕方に見えた空。さまざまな神々が一斉に集まり、地上の浄化を喜んでパーティーをしていました。リラックスした気に満ちた空でした。

《黄金の打ち上げ花火》

願いが叶う力が充満し、まもなく人生に大きなシフトチェンジが起こるときに、神々がそれを祝い、知らせ、サポートしてくれる雲です。この雲を見かけたら「ここまでお導きをいただきありがとうございます」と感謝しましょう。

《照らす雲》

雲間から地上を照らすいく筋もの光は、天使のはしごとも呼ばれ、神様や天使が地上に降りてくるときに現れます。地上のものすべてを明るく照らし、天界と地上の波動を一つに結ぶ神の光です。

私たちの心を浄化してくれる神々の雲

雨や雲に心があるって知っていましたか？

天照様《あまてらす》から言われて訪れた出雲大社は、ありえないほどの土砂降りと大風でした。

私は、殴りつけるように降る大粒の雨と、地上に降りてくるほどの何層もの雲に向かって「せっかく来たのにどうしてこんなに土砂降りなの？　私の日ごろの行いが悪いから？」と、文句を言っていたときのことです。

雨の一粒一粒に顔が見えるのです。雨粒はみなニコニコ笑っている、恵比須顔。そして、その一粒一粒がそれはそれは柔らかい、優しい波動。いつまでもずっとくるまれていたい毛布や、かわいいぬいぐるみのような、優しさを放っていました。

雨は私たちの心を癒す神様だった――出雲の地で天は私にそのことを教えてくれました。そして雨粒の元になる雲というものは、さらに癒し力の高いエネルギー体。自由自在に形を変えては、私たちにとても大事なメッセージを伝えています。

人の顔に見える大きな雲になって現れてくれるのは、大国主命様や菩薩様。人生の章が変わるときに現れて順調なことを知らせてくれたり、祝福してくれたりします。

私自身の話でいうと、母が大きな手術をうけ、介護などに忙しかった日々が一段落したときや、新しい人間関係で起こった苦しい出来事に自分なりに懸命に対処したときなどに、人顔の雲に出合いました。

うれしいことがあったとき、一つの山を越えてほっと安心したときには、神様たちも喜んで、花火雲となって祝福をしてくれたり、集まってパーティーを開いてくれたりします。そんな神雲を見るだけで、心の奥にたまった悲しみやつらさを浄化してもらえます。

このような雲に出合った後には、必ず新しい喜びが待っています。大きなパーティーに誘われて憧れていた人を紹介してもらったり、探していた引っ越し先の理想的な物件が突然現れたり、新しい分野へのお声がけをいただいたりと、引き寄せ能力が劇的に磨かれていきます。

空を見る習慣がつくと神様と仲よくなれます。そして、必ず宇宙や天の大きな力をもらえるようになるでしょう。

天界からの光

まぶしく輝く光は邪気を飛ばし、生命力にあふれたエネルギーを呼び込みます。
また、光となって現れたエネルギー体の写真も紹介します。

《安倍晴明《あべのせいめい》の光》

静岡県の「晴明塚」というパワースポットで、安倍晴明様とお話をしているときに、安倍晴明様が光となって現れてくれました。とても繊細で、高い浄化の力を持つ魔法の光でした。

《クリスタルから生まれた大きな光》

テーブルの上にあった直径約５㎝のクリスタルの玉に夕日が当たり、新しいエネルギーを注いでくれる大きな光になりました。写ってはいませんが、女神様がいます。

《家に現れた光の虹》

光の反射でキレイな光の虹が現れたので、白い紙を敷いて色を映しました。このように突然入ってくる光の虹は、天使の来訪です。喜んでお迎えし、時間の許す限り見つめ、その波動を浴びてください。

《ダブルレインボー》

虹の波動はすべての心配や不安を一瞬にして吹き飛ばす高い波動。重なって現れるダブルレインボーは、浄化の力がさらに高くなり、地上の運気もあなたの運勢も大幅にアップしていきます。

《奉仕と癒しの星から来た生命体》

真ん中より少し上に見える星のように輝く光は、私たちの夢実現と元気回復のためのパワーを注入しに来た宇宙生命体です。生命エネルギーを満たしてくれる存在なので、まもなく元気パワーがアップすることを意識して、感謝しましょう。時間の許す限り見つめて、相手の温かい心を感じてみましょう。

《木の精霊》

右にある葉のないイチョウの木から出ている白いものは、この木が枯れて命が終わったために、別の木に移動する木のスピリット（精霊）です。

《愛を伝える宇宙の生命体》

真ん中より上に横長に発光している光は、心に大きな癒しと浄化を起こし、私たちの潜在意識をより高めてくれるでしょう。

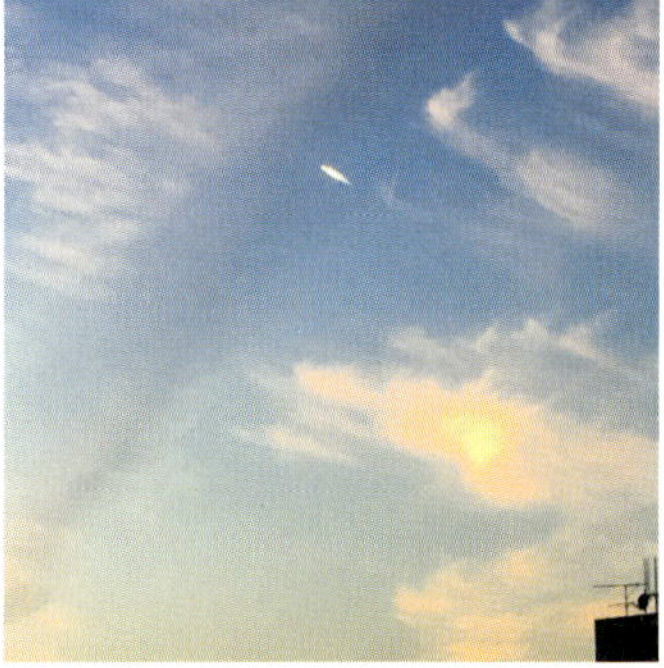

人生のシフトチェンジのタイミングで現れる天界からの光

10年以上前、霊的な能力などまったくなかったときのこと、人間関係で大きなショックをうけ、悩んでいたことがありました。

人生に絶望し、すべてが闇に閉ざされていたある日、雲間から地上に差し込む金色の光を見ました。ほんの数本の薄い光ではありましたが、〝もしかしたら私は大丈夫かもしれない……〟と、強い確信を抱かせるものでした。後ろから誰かが見守ってくれている、力強さと温かさを持っていました。

その光に出合った後、悩んでいた人間関係は不思議とあっけなく解決し、それまで不仲だった義父母との間もうまくいくようになり、尖っていた世界がまるく和やかに見えてくるようになりました。

天界からの救いの光はいつも絶妙なタイミングで私たちの前に現れます。悩んで出した答えが思わしくない結果だったとき、落ち込んでいるとき、ちょっと元気が必要なとき、突然神々しく現れます。

今はあのころとは状況がすっかり変わり、自分の夢を叶え、憧れていた世界にいることを実感する日々ですが、ここまで導いてくれたのは、あのときの光たちだったと、今でも思い出します。

ときどき、クライアントやセミナーの参加者からとてもきれいな光の写真を見せていただきます。みなさん、空を意識するようになったら浄化が進み、運気が上がったとおっしゃいます。美しい光に出合った後には、夢への一歩が踏み出せた、新しい仕事へのお誘いがあった、運命の恋人に出会えた、思いがけない臨時収入が入ったなど、必ず人生のシフトチェンジが起こったり、うれしい出来事が起こったりします。また、まぶしい光や虹になって部屋に遊びに来てくれることもしょっちゅうです。

そしてさらに美しい光に出合い、思ってもみなかった奇跡に出合うというふうに、光を見るたびに素晴らしい未来への階段を上がっていくのです。

現れる光は霧中の導きであり、冷え切った心を温める優しさであり、人生を勇敢に前進するために魂力に点火してくれるものでもあります。それは神の光と、見る人の心とのコラボレーション。その人だけに現れる世界でたった一つ、あなただけの光なのです。

おわりに

人生がつらいのはなぜ？　どうしてこんな苦しい思いをして生き続けなければならないの？　そんな疑問を天に投げかけずにはいられないときが誰にでもあるでしょう。

でもそのたびに、私たちは光に出合います。天から差す光はもちろん、優しい人、純粋な動物のしぐさ、どんな場所でも咲き誇る花々……。それらは、冷え切った心を優しく受け止め、立ち上がる力をくれる光。そしてあなた自身も気づかぬうちに、誰かの光となっているのです。

光は決して制限されず、いつも笑顔で全方向へ力の限り伸びやかに進みます。それこそが私たちの人生の目的の一つ、何ものにもとらわれず、心の奥の夢をどこまでも輝かせ、尽きることのない可能性を発揮すること。神様はそのことをあなたに伝えたくて、光がよく見える闇を用意しているだけなのです。

この世界の全部の色を合わせると、透明色の光になります。透明な光というのは苦しみも喜びもすべて持っている。だからあんなに美しく輝くのです。今のままの「あなた」でいることを喜びましょう。そのまっすぐで純粋な気持ちは必ず人を温め、導き、背中を押す光となります。

自信を失うときは思い出してください。自分は、小さくても決して輝きを止めることのない一粒のダイヤモンドであることを。

あなたは、神様から地上を照らすように頼まれたライトワーカーです。素晴らしい心の奥の光を存分に輝かせてください。

日下由紀恵

神様からの心温まる サインメッセージ

身近に存在するものなのに、
「なぜか妙に気になる」「すごいタイミングで現れた」「人に話したい！」
「急にピンときた」など直感が働き、
“特別に感じる”感覚になったことはありませんか？
それは、「神様がそばにいるよ！」のサイン。
そのサインがレアであればあるほど、運気アップのお知らせです。
神様からのサインをキャッチして、
人生を大きくシフトチェンジしていきましょう。

空と自然のサイン

《美しい雲》

金色の空や夕焼け空とのコントラストが美しい雲、一つだけぽっかり浮かんでいる雲など、思わず写真を撮りたくなるような美しい雲を見たときは、その雲そのものが神様。神様が私たちを勇気づけてくれているサインです。

人の顔に見える雲は神様の顔。神様の顔が現れるときは、地上と天界のバリアがなくなり地上の波動がたいへん高くなっているときで、今いる状況よりもっとよくなるステージアップのお知らせです。

また、動物の形に見える雲は、動物の神様です。飼っていたペットも含め、私たちを癒し守る波動を持つ動物たちが、天国から人生を楽しく生きられるようにとパワーを送ってくれているサインです。

このように、「きれい！」と思わずうれしくなるような雲や、「変わった形だな」と思うような雲は、肉眼で見ることによって高波動を細胞に刻み込むことができます（P148-157のミラクルフォトもご覧ください）。

《龍神雲》

龍の形をした雲のなかには、「龍神雲」（龍の体全体で細長い）と「龍頭雲」（龍の頭だけの部分）がありますが、これらの雲を見たときは、もうすぐ心の傷も癒えて、神様からのご褒美がありますよ、というサイン。遠慮なく、欲しいものを伝えましょう。龍神とは、地上の水、湿気などにかかわる神の使いで、私たちの悲しみの涙と深く関係している神様。悲しい出来事が起こったときに現れ、傷を癒す力を与えてくれます（P148-149 のミラクルフォトもご覧ください）。

《突然雲間から差す光》

突然雲間が切れてタイミングよく光が差し込んでくるときは、あなたの波動が上がって、事態がたいへんよい方向に動いたことを知らせるサインです。

《キラキラ輝く光》

自分や人のつけているアクセサリーが放つ光、鏡やサンキャッチャー、パワーストーンなどに太陽光が入ってスパークした光を美しく感じたり、水面が太陽の光で反射したり、七色に輝く光などが現れたりするときは、今大きな局面を迎えていて、それが解決するころ、また一段運勢が上がることを教えています。神様があなたに解決するための力を授けてくれているサインです。
また、太陽の反射の光はしばしば魂を表します。魂というのはこんなふうに常にまぶしく光を放っているんだよ、ということを知らせることで、魂とのつながりを深めようとしてくれています（P156 のミラクルフォトもご覧ください）。

《虹》

普段なかなか見られない虹は、あなたのステージが上がり、未来の幸せを約束してくれるときに現れます。新しい出会いや結婚、素晴らしい旅が待っていたりなど、もうすぐうれしいお知らせが舞い込むでしょう。光が各色に分解することで、光の持つ力が最大限パワーアップし、天国と同じ波動が地上に届きます。虹が現れるときは地上が高波動になるので、成仏できず苦しんでいる御霊《みたま》も浄化されていきます(P157のミラクルフォトもご覧ください)。

《朝焼け》

溜息が出るほど美しい朝焼けに遭遇したときは、仕事でうれしいことや、昇進やヘッドハンティングされるなど、キャリアアップ間近。朝焼けの光はたいへんパワフルで、あなたの金運、仕事運を刺激し、願うものすべてを形にしてくれる力を持ちます。

《月》

月に見られているような感じがしたとき、カーテンの隙間などからふと月を見つけたときなどは、月の女神様があなたに「がんばったね。疲れたでしょう。ちゃんとそばにいるからね」と優しく語りかけてくれているサイン。心の傷を癒す波動を持っている月は、あなたを優しく包み込んでくれます。

《追い風》

体ごと押されるような追い風を急に感じたときは、あなたの夢実現を一日も早く叶えられるようにと、神様が背中を押してくれているサインです。

《向かい風》

向かい風で前に進むのが困難でイライラするときは、「今起こっている困難は、あなたを鍛えるためのエクササイズに過ぎないよ。心配ないよ！」というメッセージです。

動植物や昆虫のサイン

《美しい鳥の声》

鳥の声は天界からの吉報です。浄化を起こす前や浄化が起こった後に鳥の声が聞こえてくるようになっていて、突然美しいさえずりが聞こえてくるときは、あなたの波動が上がったことを知らせています。
また、心の浄化が起こり、波動が高く安定している状態のときにも聞こえてきます。聞こえた後にはよいことが起こります。亡くなった身近な人が吉報を知らせるときにも、珍しい鳥のさえずりが聞こえてくることがあります。

《カラスの声》

カラスは神様のお使い。カラスの声が気になるときは、あなたの負の気を吸い取ってくれています。

《蝶》

突然、どこからともなく蝶がひらひらと舞って現れたときは、よいことが起こる前触れ。問題は解決し、よいほうへ進むことを教えてくれています。

《蛙》

普段見るような場所ではないところにふと一匹見つけたり、蛙のアクセサリーやデザインのアイテムを偶然見たり、蛙の声を聞いたりしたら、よいものがやって来たり、なくしたものが戻ってきたりして、さらにいい運気に乗るときです。

《ヤモリのような爬《は》虫類》

普段あまり見るものではない爬虫類を見つけたら、それはとても強い味方。エネルギー不足のときにパワーアップしたり、問題を乗り越える強さが授かることを教えてくれています。また、実物でなくても、爬虫類が出てくるテレビ番組や、動物園などから逃げ出したというニュース、爬虫類をモチーフにしたデザインの服などを見たときも同じです。

《トンボ》

一匹のトンボが近くに舞い現れたときや、トンボのアクセサリーをお店で見かけたり、誰かがつけているのを見たり、もらったりしたときは、上昇する運気に乗れるサインです。

《カナブン、コガネムシ》

突然部屋に入って来たときや、玄関前にいたときなどは、心配事は解決し、金運などの運気が上がることを知らせに来ています。追い出そうとしなくても、感謝の気持ちでいると自然に出ていきます。じっとしているときは、つかまえて安全な場所に放してあげましょう。

《テントウムシ》

ふと一匹のテントウムシを見つけたり、テントウムシのデザインのアイテムやイラストなどを見たら、天のパワーとつながっているサインです。自分の頭と宇宙や星々が一直線につながっているところをイメージすると、さらに力をもらいやすくなります。

《苦手な虫》

苦手な虫が現れたときは、あなたの疲れを教えてくれています。今週末はゆっくりお家で過ごしましょう。

《花》

花は祝福を表すアイテムです。予想外に花束をいただいたり、急に花を買いたくなったり、訪れた場所に飾られている大きな花のアレンジを見たりしたときなどは、天からの「おめでとう」のメッセージ。あなたのがんばりが形になってレベルがまた一段上がったり、願いが叶って次のステージを目指し始めたりするときに現れます。

日常のなかのサイン

《鍵のモチーフ》

鍵のモチーフのペンダントやチャーム、ブローチなどをお店で偶然見つけたときやプレゼントされたとき、妙に気になるときなどは、あなたの人生に覚醒をもたらし、次の扉が開かれ始めたことを教えてくれています。また、映画やドラマなどで、解決に鍵が関係しているストーリーに出合ったときは、問題解決の予告です。

《ハート》

ハート形のもの、なんとなくハート形に見えるものというのはたいへん高い癒しの波動を持っています。ハート形の葉っぱを見つけたとき、ラテアートにハートが描かれていたとき、一つだけハート形のお菓子がまぎれていたときなどは、あなたの人生に、新しいシフトが訪れることを表す祝福のサイン。恋愛も含め、人間関係でさらにモテモテになり、仕事運、金運もアップします。喜んでください。

《羽根》

羽根はあなたの叡智を助けるラッキーアイテムです。道に一枚はらりと落ちていたり、羽根のブローチや羽根のモチーフのチャームなどを目にしたり、いただいたりしたときは、悩んでいることがもうすぐ解決するサイン。知恵で切り開いていく力を応援してくれます。赤い羽根を見たときも、運気アップのサインです。

《五円玉》

おつりでもらうなど五円玉がお財布に入ってくる状況は、新しい段階に進むときです。地上であなたを幸せに導くための、「人間関係」「仕事」「夢実現」のご縁に、天界の力が入っていることを知らせてくれています。

《寅《とら》（虎）、龍》

通りかかったお店の名前や、手に取った物のイラストなどに、偶然、「寅」や「龍」の字や写真、絵などを見かけたときは、仕事、お金の神様である寅神様や龍神様の応援パワーが入っているサイン。あなたの仕事を後押しし、十分な収入が入るよう計らってくれます。

《ティアラや冠など、王家や貴族、宮殿をイメージするようなもの》

テレビ番組で目にしたり、ウインドウに飾られていたり、雑誌で見かけたり、これらのアイテムやデザインを見つけたりしたときは、宮殿や貴族生活をしていた歴史上の優雅でリッチな人たちの持つセレブパワーとつながっているとき。あなたのなかのセレブパワーが引き出されていることを教えてくれています。

《ピラミッド、スフィンクス》

テレビ番組で目にしたり、お店やレストランなどのオブジェ、モチーフなどで見かけたり、気になったりするときは、セレブパワーと同時に、より強い力、とびぬけた実力や実績などを確立していく力とつながっています。

《鈴、ベル、ドアベル、チャイム》

美しいベルや鈴の音は天使からの祝福を表すサイン。チャイムや鈴の音が突然聞こえてきた、ちょうどいいタイミングでこれらの音が鳴ったなどの場合、今進めていること、悩みごとの解決が順調な軌道にあるので安心して、というメッセージです。
恋愛で悩んでいるなら、新しい恋人との出会いがまもなく来るよ、というサイン。考えていることが正解だよ、というときにもタイミングよく“リーン！”“チーン！”などと聞こえてくることがあります。

《太鼓の音》

太鼓の音は邪気を飛ばし、魂とつなげる神の波動を持ちます。神社を訪れたらちょうど聞こえてきた、工事の音が太鼓の音に聞こえたなど太鼓を思い出させる音に出合ったら、神界からの運気アップのサインです。

《花火》

ドライブ中に思いがけなく花火を見た、テレビをつけたら花火の映像が出ていたなどのときは、あなたのがんばりが功を奏して、人生が思ったより早く順調に、次のステージに進んでいることを表す天の祝福です。実際の花火でなくても、花火のように見える雲に出合うときも同様です（P153の「黄金の打ち上げ花火」を参照）。花火は音と光で邪気を吹き飛ばす神波動を持っていますので、運気を上げたいときには花火大会に出かけてみましょう。

《ケーキ》

突然ケーキの差し入れがあったとき、なぜかケーキが食べたくて仕方ないときは、もうすぐうれしいことが起こるよ！の前祝いサイン。細胞が喜びに向けて動いています。
ケーキが苦手な人は、シャンパンやワイン、ちらし寿司、お赤飯などお祝い事を連想させる食べ物としてやってきます。

《卵》

今日はなんだかやたら卵が食べたいなあと思うとき、卵を割ったら卵黄が2個出てきたとき、ひよこを見たとき、卵の夢を見たときなどは、眠っていた可能性が引き出されて、このあと何倍にも膨らむ兆しです。ひよこのぬいぐるみや、プリントされたひよこのキャラクターなどもよいアイテムです。

《鯛《たい》》

魚屋さんやお寿司屋さん、テレビ番組などで鯛を見かけたら、神様からの「おめでとう！」の祝福。特に赤い鯛はラッキーアイテム。今とても順調で、さらに運気がアップすることを教えてくれています。「たい」は「したい」につながり、あなたの「これがしたい！ あれもしたい！」を叶えてくれます。

《車、自転車などの乗り物や、靴、バッグ》

あなたをさらに高いステージで活躍させてくれるアイテムです。新しいものが欲しくなったり、新調したくなったりしたときは、昇進のサインかもしれません。いい買い物ができたら、仕事でもがんばりが認められるようなことが起こるでしょう。

《著名人を見かける、知り合いになる、身近に感じる》

あなたのなかの大きな可能性が開き始め、形になるときが来たことを知らせるメッセージです。以前、知人女性がホテルの駐車場の列に並んでいたら、前の高級車から世界的に著名な映画監督が降りるところに遭遇。その後まもなく、彼女には恋人ができ、トントン拍子に結婚。理想的な間取りのマンション物件にも出合うことができました。

《自宅や携帯の電話番号やＩＤ、
チケット番号に含まれている語呂のいい数字》

電話番号などに「２５２５（にこにこ）」が入っているなら笑顔を大事にすることがテーマ、「７９５７１９２（泣く子ない国）」が入っているなら子どもの幸せが今世のテーマなど、語呂合わせは貴重なシンクロ。他にも「1196（いい苦労）」は大変なこともあるけれどそれが糧となって花開く人生、「810（ハート）」はハートを大事にねの意味。「4145（よい養護）」という携帯電話番号を引き当てた養護施設職員さんもいます。あなたの人生でテーマになることや、キーパーソンとなる人を教えるなど、語呂のいい番号に当たったときは順調のサイン、神様の保護を感じましょう。

霊的なサイン

《神社、寺、教会》

歩いていて偶然見つけた神社、仏閣、教会などは、神様からお話ししたいというメッセージです。ぜひお参りしましょう。必ず示唆が落ちてきます。また、何度も同じ神社の情報が重なって入ってくるとき、どうしても行きたくなるときなどは、その神社の神様に“来なさい”と呼ばれているサインです。

《祭りや結婚式、七五三、成人式など、お祝い事に
遭遇する・招待される》

これらの儀式は神様が付き添いで行われるもので、たいへん波動が高いシチュエーションです。そこに偶然居合わせるというのは、あなたの波動もシンクロして高まっているということ。お祝い事にお呼ばれするのは、運気の高まりを表しています。お祭りなどにも積極的に足を運び、神様の波動を感じましょう。

《蛇》

心のアクをからめとり、心と体を健康にして、富に導く神様です。本物はもちろん、蛇のような形、長くてひょろっとしたヒモなどを見つけたときは、あなたの深い悲しみが癒されることを教えてくれています。

《狐》

狐は、孤独と寂しさを癒す神様です。散歩中にお稲荷様の神社を見つけた、テレビで狐を見た、物語に出てきた、外国映画やお店などでFOXという名前を見ることなどがあったら、人間関係がよくなるサイン。あなたの寂しさに寄り添い、温かい人間関係を築くために力を与えてくれています。

《魔女や魔法使い》

魔女のハット、魔法のほうき、杖、シンデレラに登場する魔法使い……など、映画やテレビ、看板などに現れるファンタジーの世界の魔女や魔法使いアイテムに出合ったときにうれしい気持ちになるなら、あなたの霊感が磨かれている証拠です。魔女や魔法使いアイテムはすべて、あなたの霊的な力が引き出され始めていることを知らせるメッセージです。

《上からポタッと垂れてくるしずく》

亡くなった家族や知人、ご先祖様があなたのそばにいて泣いていることを知らせています。あなたに謝りたくて、会いたくて、泣いています。これは水気がまったくない場所でも起こりますし、お風呂のなかや雨の日などに起こることもあります。ポタッと落ちてきたら、祖父母、両親などあなたが思い浮かべた身近な故人がそこにいます。「来てくれてありがとう」「こんなとき、どうしたらいいか教えて」。思い浮かぶことをなんでも話してみましょう。浄化が起こり運気がアップします。

《故人の好きだった食べ物が食べたくなる、出てくる》

亡くなった人があなたのそばにいたり、あなたの心に振動を送ってきて、そばにいることを知らせています。あなたの体を使って好きだったものを食べますので、一緒に食べていることを意識して、味わいましょう。運気が上がるときにやってくるサインです。

《故人の好きだった歌》

これが思い浮かぶときは、その故人がそばにいます。一人じゃないよ、ちゃんと見守って導いているから安心して、という心強いサインです。

《元気が出る歌》

励ます歌がふと浮かぶときは、あなたをサポートしている見えない人たちからの応援歌。「今は悩んでいるかもしれないけど、1年後はこんなにハッピーだからね！」という未来の自分がそばにいて励ましてくれていることもよくあります。元気がないときは、あえて自分から元気が出る歌を歌うことで、見えない存在から力をもらい、気持ちをリセットして前向きな気持ちで過ごせるようになります。

《ラブソング》

切ないラブソングや失恋の歌などがふと浮かんだり、お店で流れていて気になるときは、元恋人からの「本当は愛してる」のメッセージです。デートしたときの喜び、喧嘩した悲しみなど、元恋人に対する気持ちを振り返ってみましょう。浄化が起こり復縁の可能性や、新しい恋人との出会いにつながっていきます。

《恋愛や結婚をイメージさせるもの》

マゼンタピンクのハート、結婚式場にあるような大きなベル、ウエディングソング、カップルの写真、ハートを射る天使など、恋愛や結婚をイメージさせるようなものがよく目につくときは、新しいパートナー出現の予言です。何度も現れますので、見逃さないようにときめきを大事に行動しましょう。

《ふと目に入ってきたフレーズ》

広告やコマーシャルなどのコピーの短いワンフレーズが気になるときは、あなたに示唆を与える天界からのメッセージです。ピンとくるものはメモをしておきましょう。夢を叶える力、人生を力強く進む力を引き出します。

《誕生日などの数字》

携帯電話の画面に出る時刻、おつり、合計金額、見かけた車のナンバープレートなどに、自分の誕生日をイメージする数字が現れたら、亡くなった家族やご先祖様からの「順調、順調！」のメッセージ。慎重かつ大胆に進みましょう。他の誰かの誕生日なら、その人があなたに会いたい、相談がある、などの気持ちが飛んできています。亡くなった親、おじいちゃん、おばあちゃん、親戚などを想像させる数字は、「守ってるよ、心配しないで！」のサインです。

《ぞろ目》

同じものがそろう、一直線に並ぶ、直角に交わるなどは、地上においてたいへん高い気を生み出します。ですので、おつりが 777 円だった、買い物の合計がピッタリ 3,333 円だった、携帯画面の時刻が 11:11 などのぞろ目だったりするときは、運気アップのサイン。競争で勝ったり、金運が上がったりなど、人生にアドバンテージを受けるようなことが起こります。

パワーチャージできる
ビュースポット＆アイテム

積極的に見たり、手にしたりすると、神様とつながりやすくなります。

《 抜けるような青い空 》宇宙からの元気になるエネルギーを吸い込むイメージで深呼吸をすると、加速的に運気が上昇します。

《 太陽 》太陽に向かって立ち、目を閉じて眉間に30秒ほど光を受けると、気が整い、元気や若さ、運気がアップ。午前中の光がベスト。

《 美しい夕日 》一日の疲れを癒し、富の潜在能力を開く力があります。ただ眺めるだけでやる気がみなぎります。

《 セミ、コオロギ、鈴虫の声 》虫の声は疲れを癒すパワーを持っています。感謝して聴くと浄化が早く起こるでしょう。

《 ぶどう 》紫色のぶどうは、人生の目的に気づくきっかけを与えてくれるパワーを持ちます。生、ドライフルーツ、お菓子などで取り入れて。

《 キャンディー 》色とりどりの飴は波動を上げてくれるラッキーアイテム。華やかで楽しい未来をイメージしながら、食べてみましょう。

《 花模様のハンカチ 》「可能性を花開かせる」パワーアイテム。元気が欲しいときは、好きな花模様のハンカチを持って出かけましょう。

《 色 》気になる色、お気に入りの色を直感で選ぶと波動が高まります。
青系：浄化のとき。不要なものを整理して、次へ移り変わる段階です。
白系：すぐそばにある日常のものからパワーを受け取る時期です。
赤系：パワーを注入する時期。さらに高く上げていくときです。
緑系：一歩一歩丁寧に進むと、新しい可能性が開けてきます。

日下 由紀恵 | Kusaka Yukie

「癒しのカウンセリング」を行うスピリチュアル心理カウンセラー。ある日突然生まれる前のビジョンを見せられ急激に霊感が開き、“神＝宇宙の叡智”とのコンタクトのチャンスを授かる。人間の持つ可能性を最大に引き出す「自浄力」のしくみ、起こる問題とトラウマ、過去世との密接な関係などについて教示を受ける。相談者の魂にアクセスし、問題の原因となっているブロックを取り除く「魂のアクセス・リーディング カウンセリング」は国内にとどまらず海外からも人気。日本全国でのセミナー、講演会を通し、問題解決、輝く未来を手に入れる方法など浄化セミナーを行っている。また浄霊活動にも携わり、近年は日本の神々、偉人の御魂ともつながり、神社などの浄化も行っている。カラーアナリスト、翻訳家としても活動している。著書に『キセキの浄化瞑想』『神様からの Gift Word』（いずれも永岡書店）、『神様が教えてくれた豊かさの波に乗るお金の法則』（河出書房新社）、『「異次元の扉」を開いて幸せになる』（三笠書房）など多数。

☆ オフィシャルサイト http://www.kusaka-yukie.com/
☆ ブログ「オーラが輝く！神様が教えてくれた自浄力」https://ameblo.jp/officeindigo/

イラスト：オオカワアヤ
ブックデザイン：白畠かおり
校正：西進社
編集協力：RIKA（チア・アップ）
編集担当：影山美奈子

こころが光に包まれる
神様からのBright word

著　者　日下由紀恵
発行者　永岡純一
発行所　株式会社 永岡書店
〒176-8518
東京都練馬区豊玉上 1-7-14
電　話　代表：03（3992）5155
編集：03（3992）7191

DTP・印刷　ダイオープリンティング
製　本　ヤマナカ製本

ISBN978-4-522-43536-6 C2076
落丁・乱丁本はお取り換えいたします。